EKONOMİ SOHBETLERİ

EKONOMİYE DAİR 25 BAŞLIK

Bookarion

EKONOMİ SOHBETLERİ
EKONOMİYE DAİR 25 BAŞLIK
Sinan ARSLANER

ISBN: 978-625-97040-5-0
e-ISBN: 978-625-97040-6-7

Mayıs 2025

Editör
Tuğba ATAMTÜRK

Yayın Koordinatörü
Dr. Dilek KURBAN

Akademik Danışman
Doç. Dr. Elvan ATAMTÜRK

Kapak, Sayfa Tasarımı & E-Kitap
Bookarion Görsel Sanatlar

Bookarion

Seyrantepe Mah. Gökdeniz Sok. No:15/3
34413 – Kâğıthane – İstanbul – Türkiye
www.bookarion.com info@bookarion.com

bookarion bookarion bookarion bookarion bookarion
bookarion bookarion bookarion bookarion bookarion

Bookarion® *ve* **Bookarion Scholar®,** *Smart and Start Akıllı Finansal Çözümler Yönetim Danışmanlığı ve Yayıncılık A.Ş. yayın markalarıdır...*

EKONOMİ SOHBETLERİ

EKONOMİYE DAİR 25 BAŞLIK

SİNAN ARSLANER

Bookarion

ÖNSÖZ

Ekonomi dalıyla Hacettepe Üniversitesi Ekonomi Bölümü'nde öğrenci olduğum yıllarda tanıştım. 1980'li yılların başında popüler olan ve günümüzde hala geçerli olan Neoliberal Ekonomi Modeli henüz gündemde yoktu. IMF gelişmekte olan ülkelere serbest ticareti zorunlu olarak şart koşmuyordu. 2000'li yıllarda ekonomiyi kökten değiştiren ikinci büyük gelişme olan sermayenin serbest dolaşımı da bilinmiyordu. Adam Smith'in "Görünmez Eli" ve Ricardo'nun "Karşılaştırmalı Üstünlük" kuramını okuyarak klasik ekonomi modeliyle tanışmış oldum.

Bu ve arkasından gelen teorilerin bizimkinden farklı bir dünya için tasarlandığını görmem biraz zaman aldı. Üçüncü sınıfa geçmek üzereyken Londra Üniversitesi'ne bağlı University College London (UCL) Ekonomi Bölümünden kabul aldım, ancak sıfırdan başlamam isteniyordu. UCL eğitim hayatım süresince ekonomik olayların istatistik verilere dayanan matematik modellerle açıklanmaya çalışıldığı bir dünyayla karşılaştım. Ancak bu modellerde "ceteris paribus" başta olmak üzere çok sayıda varsayım vardı. Gerçek dünyada "ceteris paribus" nadiren geçerliydi, çünkü çoğu zaman birçok şey aynı anda değişiyordu.

London School of Economics'te master eğitimine ekonomi dalında devam etmek istemedim. Ekonometri ağırlıklı mikro ve makro ekonomi dersleri bana cazip gelmedi. Akademisyen olmayı düşünmüyordum. Farklı bir bölüme kaydoldum, ancak tüm seçmeli derslerimi ekonomi bölümünden alarak yalnızca ilgimi çeken ekonomi konularını seçme fırsatım oldu.

2018 yılında Yanis Varoufakis'in Kızımla Ekonomi Sohbetleri kitabının Türkçeye çevirisini gerçekleştirdim. Bu aykırı akademisyen kitabında defalarca "ekonomi ekonomistlere bırakılamayacak kadar önemlidir" mesajı veriyordu. Son dönemlerde popüler hale gelen davranışsal ekonomi modelleri psikoloji, sosyoloji ve siyasetin ekonomiye önemli katkıları olduğunu gösteriyor.

Ekonomide her modelin belli başlı konularda farklı doğruları var. Farklı doğruları farklı ekonomi okulları savunuyor. Sonuçta ekonomide tek bir doğru yok. Ekonominin günümüzün popüler neoklasik modelden ibaret olmadığını da arka arkaya gelen küresel krizlerden yaşayarak öğreniyoruz.

Ekonomide tek bir doğru olmadığı için ekonomiyi sadece uzmanlara bırakamayız. Her sorumlu vatandaşın biraz ekonomi bilmesi artık çok önemli hale geldi. Bu varsayım üzerinden hareketle ekonomi öğrenimi görmeyen her sıradan bireyin anlayacağı, teoriden uzak basit bir dilde ekonomi sohbetleri yazmaya başladım. İlgi göreceğini umarak elimden geldiğince bu sohbetleri devam ettirmek niyetindeyim.

Keyifli okumalar diliyorum...

Sinan ARSLANER

İÇİNDEKİLER

Biricik eşime ve sevgili kızıma...

EKONOMİ BİLİMİ: FARKLI TEORİK YAKLAŞIMLAR

EKONOMİ OKULLARI

1980'li yıllardan itibaren neoklasik okul serbest piyasa ve kendi çıkarlarını her zaman ön planda tutan bencil tüketici (homo economicus) vurgularıyla günümüzün popüler uygulaması olmaya devam etmekte. Ancak çoğu ekonomistin inandığı gibi sadece tek tür bir ekonomi bilimi (neoklasik) yoktur. Neoklasik ekonomistlerin öne sürdüğünün aksine, ekonomi bilimi değer yargıları içerir. Ekonomiyi açıklamanın bu nedenle farklı yöntemleri vardır.

Teknik kavramların, rakam ve istatistiklerin arkasında her zaman değer yargıları bulunur. Bir teori etnik ve politik bakış açılarına göre daha doğru olsa bile, başka bir teoriye göre doğru olmayabilir. İnsanların kendi özgür irade ve hayal güçleri vardır. Dış koşullara tepkisiz kalmazlar. Diğer insanları ikna ederek, farklı bir biçimde örgütleyerek koşulları değiştirmeye çalışırlar. Ekonomi bilimi insanları inceleyen bir disiplindir ve insanların tahmin gücü ise göz ardı edilemez.

Ekonomi teorisi soyutlama gerektirir. Tek bir teorinin gerçek dünyanın karmaşıklığını her yönüyle ele alması mümkün değildir. Yapılan varsayımlarla bu durum aşmaya çalışılır. Her teorinin neleri öne çıkarıp, neleri göz ardı ettiğine bağlı olarak, kuvvetli ve zayıf yönleri vardır. Her şeyi bütün diğer teorilerden daha iyi açıklayan tek bir teori yoktur. Bu nedenle çeşitlilik kavramı öne çıkar.

Farklı ekonomi bilimi türleri ve bunların güçlü ve zayıf yönleri hakkında bilgi sahibi olduğumuzda ekonominin sadece profesyonel ekonomistlere mahsus bir uygulama olmadığını görürüz. Farklı ekonomi teorilerinin, farklı şeyler söylediğinin temelinde, farklı etik ve ideolojik değerler olduğunun farkına vardığımız zaman, tek bir yanlış ve doğrunun olmadığını görürüz. Bu bize tartışma zemini yaratır. Farklı ekonomik okulları hakkında bilgi sahibi olmak, bize çok yönlü analiz etme ve daha bilinçli olma yeteneği kazandıracaktır.

Örneğin, bir ülkede enflasyon yükseldiğinde bunun sadece tek bir sebebi olmadığını görürüz. Monetarist okul para arzındaki artışı suçlar. Keynesyen okul arz yönlü şokları ve talep dengesizliklerini öne sürer. Davranışçı ekonomi ise tüketici beklentilerinin enflasyonda önemli rolü olduğunu savunur.

Çok yönlü analiz bize krizleri daha iyi analiz etmek için farklı çözüm önerileri sunar. Keynesyen ekonomi devlet müdahalesini önerirken, Avusturya okulu krizin nedeninin devlet müdahalesi olduğunu savunur. Davranışçı ekonomi insanların irrasyonel davranışlarının krize neden olabileceğini söyler.

Farklı ekoller bize daha bilinçli ekonomik kararlar almak, politika ve piyasa dinamiklerini daha iyi anlamak ve daha geniş bir perspektiften bakabilmek için büyük avantaj sağlar.

KLASİK OKUL

Adam Smith'in ünlü "görünmez el" kavramına göre bireyler kendi çıkarlarını takip ederken aslında toplumun genel refahına da hizmet eder. Rekabet edebilmek için üreticiler daha ucuz ve daha iyi mallar üretmeye gayret ederken, ulusal hasılayı en yüksek düzeye çıkartırlar. Rekabetçi piyasalarda fiyat mekanizması arz ve talebe göre kendiliğinden dengelenir.

Devletin ekonomiye müdahalesi minimum düzeyde olmalıdır "Bırakınız Yapsınlar, Bırakınız Geçsinler". Devletin başlıca görevi hukuk düzenini ve mülkiyet haklarını korumaktır.

Bir malın değeri, o malın üretiminde kullanılan emeğin miktarıyla belirlenir "Emek Değer Teorisi".

Arz kendi talebini yaratır "Say Yasası". Her ekonomik faaliyet kendi üretim miktarına eşdeğer bir gelir yaratır. Talep yetersizliği nedeniyle krizler oluşmaz. Ekonomik daralmalar ise geçicidir.

Tam istihdam varsayımına göre piyasalar kendi kendini dengeler, bu yüzden işsizlik kalıcı değildir. İşsizlik olduğunda, ücretler düşer ve işsizlik azalır.

"Karşılaştırmalı Üstünlükler Teorisi"ne (David Ricardo) göre uluslararası ticaret her ülkenin göreceli olarak daha verimli olduğu malları üretmesiyle her iki taraf içinde kazançlıdır.

NEOKLASİK OKUL

Neoklasik ekonomi, modern piyasa ekonomilerinin temel teorik çerçevesini oluşturan en yaygın okuldur. Günümüzdeki serbest piyasa anlayışı, arz-talep dengesi ve rasyonel birey kavramları bu okul tarafından şekillendirilmiştir. Bu okul, ekonominin odak noktasını üretimden (klasik okul) tüketime (neoklasik okul) kaydırmıştır.

Tüketiciler faydalarını maksimize etmeye çalışır (Homo Economicus). Firmalar ise karlarını maksimize etmek ister. Rasyonel davranışlar sayesinde piyasalar doğal dengeye ulaşır.

Bir malın değeri, üretimi için harcanan emek miktarına göre değil, tüketicinin ona verdiği marjinal faydaya dayanır (Marjinal Değer Teorisi).

Devlet sadece piyasa aksaklıkları durumunda ekonomiye müdahale etmelidir (Dışsal Ekonomi). Bazı ekonomik faaliyetler piyasada fiyatlandırılamaz. Devlet müdahalesi gerekir.

Piyasadaki fiyatlar arz ve talep mekanizmasıyla kendiliğinden oluşur. Piyasada bir dengesizlik varsa, fiyatlar otomatik olarak ayarlanır.

Üretim sürecinde emek, sermaye ve doğal kaynaklar kullanılır. Bu üretim faktörleri marjinal katkıları oranında pay alır.

MONETARİST EKONOMİ

Monetarist akım neoklasik ekonomi içinde gelişmiş bir alt akımdır. Ancak bazı önemli farklara sahiptir. Odak noktası para politikası ve enflasyon arasındaki ilişkidir.

Serbest piyasa olan inanç, devletin ekonomiye müdahalesinin minimumda tutulması, rasyonel birey ve uzun vadede piyasanın kendi dengesini bulacağı tezleri neoklasik okul ile benzer yönlerini oluşturur.

Enflasyonun ana nedeni para arzının ekonominin büyüme hızından daha hızlı artmasıdır.

Merkez bankaları istikrarlı ve öngörülebilir bir para politikası izleyerek enflasyonu kontrol etmelidir. Devlet sadece para arzını kontrol etmelidir.

Devlet harcamaları ekonomik büyüme için belirleyici değildir (Keynesyen yaklaşımın aksine). Doğal işsizlik söz konusudur. İşsizliği düşürmeye çalışmak enflasyonu artırır.

Para arzındaki değişiklikler ekonomide dalgalanmalara sebep olur.

SCHUMPETERCİ OKUL

Joseph Schumpeter'in fikirleri etrafında şekillenmiştir ve ekonomik büyümenin, eski endüstrilerin ve iş modellerinin yenilikçi firmalar tarafından yıkılmasıyla gerçekleşeceğini savunur. "Yaratıcı Yıkım Teorisi" ne göre teknolojik ilerleme ve girişimcilik, ekonomik dönüşümün temelidir. Bu okul, inovasyon ve girişimciliği merkezine alır.

Güncel konularımız arasında yer alan startup ekosistemi, teknoloji şirketleri, Endüstri 4.0, yapay zeka ve dijital dönüşüm gibi kavramların Schumpeter'in "İnovasyon ve Ekonomik Döngüler Teorisi" ile uyum içinde gerçekleştiği görülüyor.

Ekonomik sistemin en önemli aktörü girişimcidir. Girişimciler, yeni ürünler, üretim yöntemleri ve iş modelleri geliştirerek piyasa dinamiklerini değiştirirler.

Ekonomik büyüme teknolojik yeniliklerin ortaya çıkmasıyla gerçekleşir. Sanayi devriminden başlayarak içinde bulunduğumuz bilgi çağı dahil tüm dönüşümler, inovasyon dalgalarıyla oluşur.

Yaratıcı yıkım süreci nedeniyle kapitalizm uzun vadede kendi kendini yok edebilir.

AVUSTURYA OKULU

Avusturya Ekonomi Okulu, Neoklasik Okulun serbest piyasa kanadıyla aynı kamptadır ancak uygulanan politikalar farklıdır. Bireylerin akılcı olduğu ve her şeyi bildikleri varsayımı (neoklasik) kabul edilmez. Avusturya okuluna göre dünya oldukça karmaşık ve belirsizdir ve doğası gereği bilinemeyecek çok fazla şey vardır, bu nedenle serbest piyasa en iyi ekonomik sistemdir.

Ekonomi kendiliğinden düzenlenen bir sistemdir, piyasa mekanizması en iyi sonuçları üretir. Devletin müdahalesi ise piyasaların doğal işleyişini bozacaktır.

"Marjinal Değer Teorisi" ne göre bir malın değeri tüketicinin ona atfettiği değere bağlıdır. Örneğin, elmas nadir olduğu için pahalıdır, su ise bol olduğu için ucuzdur.

Merkez bankalarının para arzını artırması ve faiz oranlarını düşürmesi ekonomik krize yol açar. Düşük faiz oranları yatırımcıları yanıltır ve sürdürülemez yatırım balonları oluşur. Merkez bankası müdahalesine karşı serbest piyasayı savunan bu okul, günümüzün bitcoin ve kripto para hareketleri ile uyumludur.

Ekonomik büyümenin ana kaynağı girişimciliktir. Girişimciler piyasa bilgisine sahip olarak kaynakları en verimli şekilde kullanırlar.

KURUMSALCI OKUL

Kurumsalcı okul (institutional economics) ekonominin yalnızca piyasalardan ibaret olmadığını, kurumların da önemli rolü olduğunu savunur. Hukuk, devlet, kültürel normlar, örgütlenmeler ve benzeri faktörler ekonomiyi şekillendirir. Örneğin, mülkiyet hakları, güvenilir sözleşmeler ve devlet politikaları ekonomik kalkınma üzerinde büyük etkiye sahiptir.

Kurumlar dinamiktir ve zaman içinde değişir. Ekonomik büyüme ve gelişme kurumların değişim yeteneğine bağlıdır. Bu bağlamda güçlü hukuki altyapıya sahip ülkelerde ekonomik kalkınma söz konusudur. Yolsuzluğun hüküm sürdüğü ülkelerde ise ekonomik kalkınma olumsuz etkilenir.

Sosyal ve kültürel faktörler bireylerin karar alma sürecini etkiler. Tüketim davranışları sadece ihtiyaçlara göre değil, sosyal statüye göre de şekillenir (gösteriş tüketimi).

Bir ülkenin ekonomik yapısı ve gelişimi geçmişte oluşturulan kurumsal çerçeveye bağlıdır. Geçmişte sömürgeci ülkeler tarafından yönetilen ve bu nedenle geri kalmış ülkeler sanayileşme sürecinde geri kalmışlardır.

"İşlem Maliyetleri Teorisi" piyasalarda işlem maliyetlerinin oluştuğunu ve kurumların işlem maliyetlerini azaltan yapılar olduğunu savunur. (Sözleşmeler vb.)

DAVRANIŞÇI OKUL

Davranışçı ekonomi okulu, geleneksel modellerin üzerinde hiç durmadığı insan psikolojisini ekonomik teoriye dahil etmiştir. Günümüzde iş dünyası ve kamu otoriteleri tarafından yaygın olarak uygulandığı görülüyor.

Bireyler önyargıları, zaman kısıtları ve bilgi eksikliklerinden dolayı rasyonel karar vermekte zorlanır. "Sınırlı Rasyonalite Teorisi" bireylerin rasyonel kararlar aldığını savunan neoklasik ekonomiyle ters düşer.

İnsanlar karar alırken mantıksal hatalar ve zihinsel kestirmeler yaparlar. Çerçeveleme etkisi, kayıptan kaçınma ve aşırı güven yanılgısı bu hatalardan bazılarıdır.

Bireyler hızlı karar alabilmek için zihinsel kestirmeler kullanır. Bunları yaparken geçmişteki deneyimlerini kullanırlar ve kolay hatırladıkları bilgileri önemli olarak kabul ederler.

Sapmalar ve anomaliler davranışçı ekonomi tarafından açıklanır. Finans piyasalarındaki irrasyonel yatırımcı davranışları buna örnektir.

"Dürtme Teorisi" bireyleri zorlamadan, psikolojik faktörleri kullanarak belirli seçimleri yapmaya yönlendirir.

HANE HALKI YATIRIMLARI ÜZERİNDE PORTFÖY YÖNETİM ŞİRKETLERİNİN ÖNEMİ

20. yüzyılın başından itibaren çok sayıda akademisyen risk ve getiri arasındaki ilişkileri inceleyen makaleler yazmış, değişik görüşler ortaya koymuş ve kantitatif analizler yaparak görüşlerini bilimsel temeller üzerinde oturtmaya çalışmışlardır. Bu akademisyenlerden bazıları bu çalışmaları sonucunda Nobel Ödülü'ne layık görülmüşlerdir.

İlerleyen zaman içinde erken dönemde yayımlanan hipotezleri eleştiren yeni görüşler ortaya çıkmıştır:

- Aktif ya da pasif yatırım stratejileri
- Al-sat karşısında karşı değer yatırımı
- Akılcılara karşı duygusal yatırımcılar
- Bireysel seçime karşı piyasa portföyü
- Çeşitlendirme ya da piyasayı yenmek,

başta olmak üzere farklı yatırım stratejileri ortaya çıkmıştır. Bireysel yatırımcı kategorisinde yer alan hane halkı nezdinde bu stratejilerden hangilerinin önemli olduğunu vurgulamak adına, önce belli başlı görüşleri özetleyip, daha sonra portföy yönetim şirketlerinin önemli rolünü vurgulamayı hedefledim.

Modern Portföy Teorisi / Harry Markowıtz

Modern portföy teorisi bir portföyün beklenen getirisini ve getiri değişimini (standart sapma) belirleyebilecek matematik denklemini anlatır. Bu denkleme göre herhangi bir portföyün hesaplanan standart sapmasının, hisselerin her birinin standart sapmasının ağırlıklı ortalamasından düşük olması gerekir. Bu matematik, getiri beklentisine göre riski azaltarak çeşitlendirme avantajı sağlar.

Markowitz'in 1952 yılındaki çalışması yatırımların çeşitlendirilmesi düşüncesinin matematik olarak ilk defa formülleştirilmesidir. Çeşitlendirmenin anahtarı hisseler arasındaki korelasyon ve kovaryanstır. Önemli olan bir hissenin tek başına risksiz olması değil, hangi hisselerin diğerlerine bağlı olarak değer kazandığı ya da kaybettiğidir. Korelasyonun dikkate alınması gerekir. Hisse senedi portföyünün tamamı riskin ölçülebilmesine uyarlanabilir. En yüksek beklenen getiri seviyesine ulaşmak için beklenen getiriyi, volatiliteyi ve belirlenmiş risk seviyelerinde hisse ve tahvil kombinasyonlarının korelasyonunu anlamak gerekir.

Finansal Varlık Fiyatlama Modeli / William Sharpe

Markowitz'in çeşitlendirmeye dikkat çekmesinin ardından Sharpe'ın nereye yatırım yapılması konusunda öneriler getirdiği hipotezi finansal varlık fiyatlama modeli (CAPM) olarak isimlendirilmiştir. CAPM'ye göre optimal portföy piyasada işlem gören tüm varlıklardan oluşur. Yatırımcılar bütün hisse senetleri arasında tek tek seçim yapmak konusuna kayıtsızdır. Risksiz hisse ve piyasa değerine orantılı olarak riskli hisselerden oluşan bir fon mükemmel portföyü oluşturur (piyasa portföyü). Pasif endeks fonları en uygun yatırım araçlarıdır.

Etkin bir portföyde dikkat edilecek üç değişken vardır: hisselerin getireceği gelir beklentisi, hisselerin risk bazında sınıflandırılması, borsanın geneliyle kıyaslandığında tekil bir hissenin fiyatının nasıl değiştiği. Sharp bu ilişkileri bir model hâline getirmiştir. Hissenin fiyat hareketlerinin gelecekteki performansının belirlenmesiyle bir bağlantısı yoktur. CAPM'e göre yatırımcı bir hissenin fiyatını biliyorsa o hisseye ait getiri beklentisini belirleyebilir. Bir hissenin getiri beklentisi ve risk arasında doğrudan ilişki oluşturulabilir. Bir hisse getirisinin piyasa getirisine karşı duyarlılığı ne kadar yüksekse (beta), o hissenin getiri beklentisi o kadar yüksek olacaktır. Beta, hisse getirisinin piyasa portföyü ile olan kovaryansıdır.

Yatırım hakkında fazla bilgisi olmayanlar bile pasif portföylere ve endeks fonlarına yatırım yaparak makul gelir elde edebilir (pasif yatırım). Tek ve en önemli risk piyasa portföyüdür. Piyasa portföyüne yatırım yapmak en üst düzeyde çeşitlendirmeyi sağlar.

Aktif yatırımcıların çok küçük bir azınlığı piyasadan ve pasif yatırımcıdan daha iyi performans gösterebilir. Ancak maliyetler ve şans bu başarıya gölge düşürür. Tüm piyasayı temsil eden bir portföye ne kadar yaklaşırsanız taşıdığınız risk karşısında beklentileriniz o kadar yüksek olacaktır. Endeks fonları (ETF) ve borsa yatırım fonları bu özelliklere sahip yatırım araçlarıdır.

Etkin Piyasalar Hipotezi (EMH) / Eugene Fama

Aktif /pasif yatırım stratejileri konusunda varlıkların adil değerinin belirlenmesinde riskin oynadığı rolü ele alır. Somut ampirik kanıtlarla desteklenen önemli bir hipotezdir. Hisseler adil fiyatta iseler toplam piyasaya göre daha iyi performans göstermeye gerek yoktur. Aktif yatırım maliyetlerine katlanmak gerekmez. Piyasalar her zaman, her yerde kusursuz etkinlikte değildir. Ancak, birçok durumda etkin olmaya daha çok yakındır, farklar küçüktür ve ilave kâr etmek zordur.

Endeks fonlarının varlığı, etkin piyasa hipotezine dayanır. Aynı zamanda, Markowitz'in portföy çeşitlendirmesi ve Sharpe'ın piyasa portföyünün optimal yapısına ilişkin vurgularıyla da tutarlıdır. Bu yaklaşım, varlık yönetimi uygulamalarını köklü biçimde dönüştürmüştür. Piyasa etkinliği serbest giriş ve rekabetin bir sonucudur. Temel ekonomi mantığına göre piyasa bütün ulaşılabilir bilgiyi içerir.

Hipotezin ilk varsayımı "rastgele yürüyüş" (random walk) hareketidir. Etkin bir piyasada hisse senedi fiyat değişimleri önerilmez. Aksi taktirde insanlar çok kolay para kazanırlardı. Bugün, dünkü fiyat değişimlerinin bir önemi yoktur. Yalnızca yeni bilgiler fiyatları hareket ettirecektir (kâr payı ve risk primi ayarlamasından sonra). Piyasa etkinliği bütün klasik mikro ekonomistler gibi yatırımcının rasyonel (akılcı) olduğunu varsayar.

Vanguard Portföyü / John Bogle

İlk endeks yatırım fonu (EYF) ve ortaklığının kurucusudur. Düşük maliyetli endeks yatırım fonlarına yatırım yapmak Bogle'nin Vanguard Portföyü sayesinde oldukça yaygın hâle gelmiştir.

EYF'lerin Yararları: Çeşitlendirme, Etkinlik, Görece Düşük Maliyet ve Yönetim.

John Bogle çok sayıda fonu incelemiş ve piyasayı yenemediklerini tespit etmiştir. 2003 yılında yaptığı bir çalışmada on fondan dokuzunun piyasayı yenemediklerini göstermiştir.

Yatırım fonları en etkin, dürüst ve düşük maliyetli bir biçimde yönetilmeli ve yöneticileri insanları bir mucize beklemeye teşvik etmemelidir. Fon yöneticilerinin öncelikli sorumluluğu ortaklarına ve yatırımcılarına hizmet etmek olmalıdır. Piyasa endeksini yenmek gibi bir üstünlük iddiasında olmamalıdırlar.

Fonların temel yönetim ilkesi, yatırımcı varlıklarının bir mutemedi olarak kalabalıkların kısa dönemli değerlendirmelerine itibar etmeyip, değer yatırımlarına yönelmeleri olmalıdır.

Endeks fonu yatırımcıları için maliyet her şey demektir. Piyasayı büyük ölçüde temsil edebilecek, satış komisyonu olmayan (1970-80-90'lı yıllarda önden yüklemeli satış komisyonları (front load) %6'lar civarında seyrediyordu).

En uygun yatırım stratejisi geniş tabanlı bir hisse senedi endeks fonu ve tahvil piyasası endeks fonlarından oluşacaktır.

İnsan Davranışları ve Psikolojisi / Robert Schiller

Schiller, geleneksel etkin piyasalar ve rasyonel davranış hipotezlerine meydan okuyarak insanın doğasından edindiği zengin görüşleri öne çıkararak davranışsal finans alanında öncü rolü üstlenmiştir. Akademik dünyayı utandırdığı ve çok sayıdaki ekonometrik kanıta karşı çıktığı suçlamalarıyla karşı karşıya kaldı.

Schiller'e göre akılcı beklenti modeli yanlıştır. Hisse senedi piyasasının oynaklık düzeyi, fiyatın gelecekteki kâr paylarının bugünkü değerini yansıttığını öne süren etkin piyasa modeliyle açıklanamaz. Yatırımcıların kafalarında akılcı olmayan iyimserlik ve kötümserlik duyguları vardır.

Piyasanın fiyat/kazanç oranı yükseldiğinde bu duygular devreye girer. Kazançlar mı yükselir, yoksa fiyatlar mı düşer? Tarihsel olarak fiyatların düştüğü görülür. İnsan psikolojisi her şey iyi gidiyor gibi görünse de endişeye kapılır.

Erken dönem portföy teorileri ve kantitatif (CAPM) modellerde çok sayıda bilgiye, varsayıma ve veriye ihtiyaç vardır ve matematik devreye girer. Bireysel yatırımcıdan beklenen getiri ve risk arasında korelasyonları hesaplanması beklenemez.

Diğer taraftan birçok bireysel yatırımcı için kendi başına yatırım yapmak iyi bir fikir değildir. Bu kişilerin piyasa balonlarına yakalanmalarının önüne geçmek gerekir. Sürüyü takip etmemeleri için güvenilir bir finansal danışmana ihtiyaçları vardır.

Hane Halkı Yatırım Stratejisi Ne Olmalıdır?

Sermaye piyasasını büyütecek olanlar bireysel hane halkından oluşan yatırımcı kitlesidir. Bu kişilerin banka mevduatına alternatif sunan güvenilir yatırım araçlarına ve önerilere ihtiyaçları vardır. Ortalama elde tutma süresinin 20 günün altında olduğu Borsa İstanbul'a günlük al-satçılar ve spekülatörler dışında, uzun vadeli bakış açısına sahip, değer yatırımına önem veren (fiyat değil) tasarrufların yönelmesi gerekir.

Bu yönlendirme görevi portföy yönetim şirketlerine (PYŞ) düşmektedir. PYŞ'ler bugüne kadar çok başarılı fonlara imza atmış ve 2024 yılının ilk yarısında yönettikleri portföy %82 büyüme kaydetmiştir. Ayrıca TEFAS sisteminin yaygın olarak tanıtımının yapılması çok faydalı olacaktır.

Uzun vadeli değer yatırımını benimsemiş bireysel yatırımcının portföyünün önemli bir kısmının pasif olarak yönetilmesi, başka deyişle yatırım fonlarında değerlendirilmesi en doğru yaklaşımdır. Portföyün %20 civarında bir kısmı ise aktif olarak hisse senedi yatırımlarında en fazla 3-5 şirketin hisselerine yatırım yapılarak değerlendirilebilir. Seçim yaparken kalabalıkları ve güncel balonları takip etmeden, istikrarlı ve başarılı geçmişi olan, sektöründe lider ya da çok az sayıda rakibi olan, ürettiği ürünler fiyat değişikliklerine karşı çok duyarlı olmayan (marka olan), istikrarlı yönetilen şirketler tercih edilmelidir.

Bireysel hane halkı üyesi bir yatırımcının "PYŞ bünyesinde günde sekiz saat piyasaları takip etmeye, en ince detaylara kadar piyasa analizi yapan yatırım komitelerine ve makro ekonomik gelişmeleri takip eden baş ekonomistlere erişimi yoktur." Bu nedenle, pasif yönetim felsefesiyle, yatırım danışmanı olarak PYŞ yöneticilerinin önerilerine kulak verilmelidir.

ÇİN VE MALEZYA ÖRNEKLERİ ÜZERİNDEN AHBAP - ÇAVUŞ KAPİTALİZMİ

İlk olarak Güneydoğu Asyalıların kullandığı bir terim olan "ahbap - çavuş kapitalizmi" (crony capitalism) iş insanlarının kalkınmaya katkı sağlamadıkları hâlde, devletten ihalesiz ve kayırılma yoluyla büyük imtiyazlar elde etmesidir. Hükümetlerin girişimcilere rant (devlet eliyle gelir elde etme) şansı vermesi, bunun ülkenin kalkınması yararına değil, kişisel çıkarlar için kullanılması anlamına gelen bir terimdir. Bu terim ilk olarak siyaset sınıfının en bencil ve en suçlu olduğu Filipinler'de kullanıldı.

Neoliberal ekonomistler gelişmekte olan ekonomiler nezdinde, bu riske karşı ekonomik rantlardan kurtulunması gerektiğini savunurlar. Ancak o zaman, girişimcilere ekonominin kalkınması için gerekli işler nasıl yaptırılacaktır? Yaygın bir görüşe göre rant, başarılı ülkelerin girişimcileri yakalayıp kontrol etmelerini sağlayan bir yemdir.

İki farklı ülke üzerinden nasıl uygulandığını ve ne sonuçlar doğurduğunu bu yazımda özetlemeye çalıştım. The Economist tarafından, yayınlandığı sene "Yılın Kitabı" seçilen ve Türkçe'ye çevirisini benim üstlendiğim Carl E: Walter ve Fraser JT Howie'nin ortak eseri "Kızıl Kapitalizm, Çin'in Olağanüstü Yükselişinin Kırılgan Finansal Temeli" ve Joe Studwell'in kaleme aldığı "Asya Nasıl Başardı? Dünyanın En Dinamik Bölgesinden Dersler" kitaplarından da faydalandım.

Kızıl Kapitalizm: Çin'in Olağanüstü Yükselişi

Çin finansal sistemi tarihçesine bakıldığında, Çin Komünist Partisi'nin Çin ekonomisini nasıl yönettiği ve gücü yettiği sürece mevcut durumu desteklemeye devam etmeye kararlı olduğu gerçeğini yakından izlemek mümkündür. Parti'nin finansal sistemi yönetmesinin bir sonucu olarak ülke çok büyük maliyetlere katlanmak zorunda kalmıştır.

Rüşvetçi yatırım kararlarına ve yaşanan enflasyona karşı 1980'li yıllarda Beijing ve Shanghai sokaklarında protesto gösterilerine yol açacak derecede toplumsal tepkiler ortaya çıkmıştır. Mevcut sistem, sermayenin piyasa tarafından fiyatlandırmasına izin vermemekte, bankalara hemen hemen sürekli sermaye ilavesi gereksinimi duymakta ve 40 yıllık reform çabalarına rağmen, oligarşik ve rekabetten uzak, devletin sahip olduğu bir özel sektör ortaya çıkmıştır.

Çin bankalarının 2008 küresel finansal krizinde sağ kalmasının tek nedeni finansal sistemin dünyaya kapalı olmasıdır. 1994 yılında Meksika pesosunun çöküşü, 1997 yılında yaşanan Asya Finansal Krizi ve nihayet 2008 Global Krizi Çin'in politik elit tabakasının kendini uluslararası sermaye piyasalarına açmaya çok niyetli olmadığını göstermiştir. Yurtiçi ekonomi ve piyasalar kapalı kalmaya devam etmektedir. Çin finansal sistemi ve onun hisse senedi, tahvil ve kredi piyasaları devlet sektörü ağırlıklı hizmet vermektedir. Özel sektör ekonomisi ne kadar canlı olursa olsun, sistemin dışındadır ve sistemin iradesine göre hizmet vermektedir.

Büyük Çin kalkınma efsanesi Mao'nun 1976 yılında ölümü ve Deng Xiaoping'in ikinci defa iktidarı ele geçirmesiyle başlar. Deng, 1980'li yıllarda başlayan sermaye hareketlerinin globalleşmesinde yer alması için Çin'i serbest bırakmıştır. 1990'lı yıllarda Çin'in yurtiçi reformları arka arkaya gelmeye başladı. 1990'nın son günlerinde Shanghai ve Shenzen borsaları hayata geçti. 1994 yılında bağımsız bir merkez bankası ve en büyük devlet bankalarının temelini yaratan daha bağımsız, ekonomik ve politik sistemi riske atmayan muhtelif yasalar hayata geçirildi. 2001 yılının sonlarına doğru 15 yıl süren zorlu mücadelelerden sonra Çin Dünya Ticaret Örgütü'ne (WTO) katıldı. Takip eden yıllarda Çin ile yapılan ticaret, büyük bir heyecana dönüştü.

Doğrudan yabancı yatırımlarda akmaya başladı. 2010 yılından itibaren dünya şirketleri imalat faaliyetlerini Çin pazarına kaydırdı. Zhu Ronghji ile Çin'in geri dönülemez bir ekonomik liberalizm yolunda olduğuna inanıldı. Ancak Zhu'nun bu reform çabaları ekonomiyi değiştirmeyi değil, sistemin içinde canlandırmayı hedef alıyordu. Reformların hiçbiri Parti'nin konumunu zayıflama hedefini taşımıyordu. Bu sistem, yabancı ve devlet dışı sektörleri yalnız istihdam, teknoloji ve yabancı dövizi için kritik öneme sahip oldukları sürece desteklemektedir.

Yabancı yatırım, belirli bölgeleri ve onların halkını tanınmayacak kadar zenginleştirdi. Kapitalist araçlar sosyalist ellerde çalışmaya başlamıştı. Amerikan yatırım bankacıları (Goldman Sachs ve JP Morgan) China Mobile şirketini yeniden yaratıp, paketleyerek yabancı fon şirketlerine milli bir Telekom devi olarak pazarladı. China Mobile, Ekim 1997 tarihinde New York ve Hong Kong borsalarından çifte kotasyon yoluyla 4,5 milyar ABD doları kaynak sağladı. Arkasından Çin petrol firmaları, bankaları ve sigorta şirketleri halka arzlar yoluyla milyarlarca ABD dolarlık hisse senedi satışı gerçekleştirdi. Çin, New York'tan sonra ikinci büyük sermaye piyasası olarak doğdu.

Detaylara inildiğinde ise kotasyonların devlet şirketleri ile sınırlı kaldığı, yalnızca azınlık hisselerinin satıldığı ve piyasa değerlerinin tamamen Çin Komünist Partisi tarafından kontrol edildiği görülür. 2003 yılından itibaren finansal reformlar yeni parti yönetimi tarafından sürüncemeye bırakılmıştır. Temel nedeni ise akıl almaz bir gelir dağılımı eşitsizliği yaratması olmuştur. 2008 krizi ile reformlar tamamen terk edilmiştir.

Ancak bütün bu anlatılan finansal reformların piyasa ekonomisi ve onun arz ve talep kanunları ile yürütülmediği için başarılı olması imkânsızdı. Politik elit tabakayı oluşturan devrimci ailelerin belirli çıkarları etrafında şekillenmiş ve dikkatlice dengelenmiş bir sosyal mekanizma mevcuttur. Çin iş dünyasını aileler yönetir. Bu ailelerin her şeyin üzerinde tek bir ortak çıkarı vardır. Sistemin istikrarı onların kendi çıkarlarını takip etmeleri için gereklidir. Batı tarzı kapitalizmin etkin aileler üzerindeki etkileri bugünkü Çin gerçeğini yansıtmaktadır.

Devasa kamu kuruluşları Parti'nin himayesi altında görülmemiş boyutta bir ekonomik ölçeğe doğru büyümüş, milyarlarca dolar sermaye toplamışlardır. Ancak bu kuruluşlar özerk kuruluşlar değildir. Üst yönetimleri ve kurumun kendi kaderi tamamıyla siyasi patronlara bağlıdır.

Sonuç olarak, Çin devlet ekonomisi, bir aile işidir.

Malezya Güney Doğu Asya Örneği

İkinci Dünya Savaşı sonrası Doğu Asya'da Japonya, Güney Kore ve Tayvan'da çok hızlı ekonomik dönüşümler gerçekleşmiştir. Ekonomik kalkınmayı ve dönüşümü hızlandırmak için hükümet müdahaleleri bu ülkelerde etkili şekilde kullanılmış ve başarılı olmuştur. Adı geçen Kuzeydoğu Asya ülkelerinde yoksulluktan refaha doğru ilerleme, dünyanın başka hiçbir yerinde olmadığı kadar hızlı gerçekleşmiştir.

Diğer taraftan, aynı hedeflerle yola çıkan Endonezya, Malezya, Tayland vb. ülkelerde belirli bir süre ilerleme kaydedilmesine rağmen ekonomik büyümenin sürdürülebilir olmadığını görüyoruz. 1980'li yıllarda Dünya Bankası ve IMF politikaları bu ülkelerde serbest piyasa ekonomisinin uygun olduğunu savunuyordu. Ancak 1997 Asya Pasifik Krizi ekonomik kalkınmada uzun vadeli başarının hükümet müdahalelerine bağlı olduğunu gösterdi.

Kuzeydoğu Asya ülkeleri tarım sektörünü çok radikal şekilde yapılandırmış, bu sektörün oluşturduğu artı değer ile imalat sanayisi şirketleri ortaya çıkmıştır. Bu ülkelerdeki finans sektörleri çok başarılı bir stratejiyle yönetilmiş, teknolojik ilerlemenin atlanmaması için "ihracat disiplini" uygulanmıştır. Başka bir deyişle, şirketlere kaynak sağlanırken ihracat yapma şartı getirilmiştir. Böylelikle dünya ile rekabet edebilen, son teknoloji ve yenilikleri uygulayan global şirketler yaratılmıştır. Bu şirketler sabırla, uzun yıllar, devlet tarafından kendi ayakları üzerinde durana kadar desteklenmiştir.

Güneydoğu Asya ülkelerinde ise hükümetler girişimcileri üretime yönlendirmek ve bir ihracat disiplinine sokmak konusunda başarısız olmuştur. Onun yerine kamu sanayi projeleri desteklenmiş, rekabet unsuru dikkate alınmamış, bu kamu kuruluşlarının monopol ya da oligopol yapılarla üretim yapmasına izin verilmiştir. Sonuç olarak kaliteden uzak, dünya ile rekabet edemeyen, eski teknolojilere sahip üretim yapılmıştır. Kamu sektörü karşısında rekabet edebilecek bir özel sektör ortaya çıkmamış, başarısız kamu işletmeleri ise ayıklanmamıştır.

Finansal sistemler başarılı Kuzeydoğu Asya ülkelerinde devletin yakın denetimi altında tutulmuştur. Kalkınma hedeflerinin başında gelen ihracat disiplini stratejisine uyulmaya dikkat edilmiş ve banka kredileri verilirken ihracat şartı konulmuştur.

Malezya örneğinde ise yatırımlar yanlış amaçlara yönlendirilmiş, ihraç edilebilir üretimi desteklemek için hiçbir şey yapılmamış, aile şirketleri kontrolündeki bankalar kendi çıkarları yönünde kaynakları israf etmişlerdir.

Girişimcilerin enerjilerini ihracattan ziyade, politikacıları kandırmaya yönelttiğini görüyoruz. Kalkınma sermayesinin büyük kısmını inşaat sektörüne aktararak erittiler. Oluşan konut balonları 1997 Asya Krizi'ne zemin hazırladı.

Malezya, otomotiv sektörüne devlete ait tek bir şirketle - yani pazarda rekabet olmaksızın - ve ihracat disiplininden yoksun olarak girdi. Başarılı özel sektör girişimcileri işin içine sokulmadı. Bu girişimcilerin devlet koruması altındaki imalat dışı alanlarda imparatorluklarını devam etmesine izin verildi. Özel sektör paralel imalat dışı evrenlerde var olmayı sürdürürken, büyük ölçekli imalat faaliyetleri devlet sektörü olarak var olmaya devam ediyor.

Malezya'da 1957'de bağımsızlık sonrası yerel aristokrasi İngiliz sömürgecilerle bütünleşmişti. Ekonominin sömürge yapısını değiştirmek için nerdeyse hiçbir şey yapılmadı. Politikacılar iş adamlarından rüşvet alma alışkanlığı edindiler. 1976 yılında Mahatnir, Ticaret ve Sanayi Bakanı olunca bir sanayi politikası oluşturmaya soyundu. Ancak etnik pozitif ayrımcılık, tek adam olma isteği, adam kayırma, ailelere verilen ihalesiz özelleştirme projeleri Malezya'nın teknoloji atılımlarını gerçekleştiremeyip yerinde saymasına neden oldu.

Milyarder oligarkların genel müdürlük binaları, beş yıldızlı oteller, alışveriş merkezleri, Petronas Kuleleri vb. Kuala Lumpur'un en prestijli Jalan Sultan İsmail Bulvarı'nda yer alan onlarca gökdelene bakarak, kaynakların endüstriyel kalkınma ve teknoloji yerine nerelere aktarıldığını görmek mümkün. Bu girişimciler hiçbir zaman bir şeyler üretmeye ya da ihraç etmeye çalışmamış, devletin sağladığı ayrıcalıklı yardımlardan sağlanan gelirleri büyük ölçüde pasif olan yurtiçi gayrimenkul projelerine yatırmaya devam etmiştir. 1997 Asya Krizi'nin adı geçen bulvar üzerinde çok sayıda yarım kalmış gökdelen inşaatı bıraktığı da görülür. Ayrıcalık sağlanan aileler arasında Lim ailesinin milyarlarca dolarlık kumarhane yatırımlarını göze çarpan bir örnek olarak vermek mümkün.

NEOKLASİK OKULA GÖRE SERBEST PİYASA EKONOMİSİ

İktisat 1970'li yıllara kadar çok farklı modeller ve görüşler ortaya çıkardı —Klasik, Marksist, Neoklasik, Keynesyen, Monetarist, Davranışsal gibi. Bu modeller farklı ülkeler tarafından benimsendi ve uygulamaya çalışıldı.

1980'lerden itibaren ise neoklasik ekonomi tek ortak görüş hâline geldi. Ancak diğer okullar gibi güçlü yanları olmasının yanında çok ciddi sınırlamaları da vardır. Günümüzde çoğu ülkede ekonomi teriminin neoklasik ekonomi ile neredeyse eşanlamlı olarak kullanıldığını görüyoruz.

Neoklasik ekonomik modeller genellikle tam rekabet varsayımına dayanır. Yani, çok sayıda alıcı ve satıcı olduğunda, fiyatların serbestçe belirleneceği ve kaynakların en verimli şekilde dağılacağı düşünülür. Bireylerin rasyonel kararlar aldığı ve kendi çıkarlarını maksimize etmeye çalıştığı varsayılır. Bu nedenle, bireyler ve işletmeler ekonomik faaliyetlerini kendi tatmin düzeylerini artırmak amacıyla yönlendirir.

Serbest girişimcilik savunucusu Milton Friedman ve takipçilerinin ortaya attığı bu görüş, tercih özgürlüğüne vurgu yapar. Ancak, bu özgürlük uygulamada sadece ekonomik alanda geçerlidir. Üreticiler en kazançlı bulduklarını, üretme ve satma özgürlüğü ile çatıştığı taktirde, her türlü siyasi, toplumsal ve bireysel özgürlükleri kolaylıkla göz ardı edebilir.

Washington Konsesusu

Washington Konsensusu, 1980'lerde Latin Amerika'da yaşanan borç krizlerinin ardından ortaya çıkan, serbest piyasa yanlısı ekonomik reformlar paketidir. Bu kavram, Washington DC'deki uluslararası finans kurumları (IMF, Dünya Bankası) ve ABD Hazine Bakanlığı tarafından desteklenen politikalardan oluşur.

Washington Konsensusunun temel prensipleri şunlardır:

Mali Disiplin: Hükümetlerin bütçe açıklarını azaltması ve kamu harcamalarını denetlemesi gereklidir.

Vergi Reformu: Vergi tabanını genişleterek vergi sistemini daha etkin hâle getirmek ve düşük vergi oranlarıyla vergi gelirlerini artırmak.

Kamu Harcamalarının Yeniden Yönlendirilmesi: Sosyal harcamaların azaltılması, kaynakların eğitim, sağlık gibi verimli alanlara yönlendirilmesi.

Piyasa Faiz Oranlarının Benimsenmesi: Faiz oranlarının piyasa koşullarına göre serbestçe belirlenmesi.

Rekabetçi Döviz Kuru: Döviz kurlarının piyasa koşullarına uygun olarak dalgalanmasına izin verilmesi.

Ticaretin Serbestleştirilmesi: Gümrük tarifelerinin ve ticaret engellerinin azaltılması.

Yabancı Yatırımların Teşvik Edilmesi: Yabancı yatırımcılar için daha cazip ortamların yaratılması.

Özelleştirme: Devlete ait şirketlerin özelleştirilmesi ve özel sektöre devri.

Deregülasyon: Ekonomik faaliyetlerin devlet tarafından daha az düzenlenmesi ve serbest piyasanın önünün açılması.

Mülkiyet Haklarının Güçlendirilmesi: Özel mülkiyet haklarının korunması ve yasal altyapısının güçlendirilmesi.

IMF ve Dünya Bankası politikalarının dayatmasıyla gelişmekte olan ülkelerde zorunlu serbest ticaret dönemi başlamış oldu. Aynı dönemde Avrupa ve Kuzey Amerika'da ise kendi ticaret politikalarını özgürce seçebilen ülkelerden yalnızca birkaçı (İngiltere, Hollanda ve İsviçre) serbest ticaret yapıyordu.

Uygulamada Yaşanan Sorunlar

Serbest kelimesinin herkes için aynı sonuçlar doğurduğunu söylemek çok zordur. Serbest ticaretin de herkes için aynı faydayı sağladığı sonucunu çıkaramayız. Güçlü ülkeler, özellikle ABD, uluslararası ticareti kendi çıkarları doğrultusunda şekillendirmeye ve güç kullanmaya devam ediyor. Dünya Ticaret Örgütü (DTÖ) nezdinde kurallar kendi lehlerine olduğu için güçlü ülkeler bu sistemden çok daha fazla faydalanıyor. Dahası veto haklarını kullanarak görüşmeleri tıkayabiliyorlar.

DTÖ kuralları tarım ürünlerine uygulanan ticari koruma ve sübvansiyonlara, imalat sektörüne kıyasla daha az kısıtlama getirir. Zengin ülkelerde tarım nispeten zayıfken, fakir ülkelerde ise imalat sektörü daha zayıftır. Çokuluslu şirket kuralları arasında yerel girdi kullanımı zorunluluğu düzenlemesi uygulanmaz (belirli bir oranın üzerindeki girdiyi yerel olarak satın alma şartı).

Dünya Bankası ve IMF'de bir ülkenin oy hakkı, yatırdığı sermayeye bağlıdır ve sonuç olarak zengin ülkeler orantısız güce sahiptir. Önemli kararlar %85 gibi süper bir çoğunluk gerektirdiğinden, ABD %18 oy hakkı ile tek başına veto yetkisine sahiptir.

IMF ve Dünya Bankası'nın ekonomik koşulları ve sosyal-politik ortamları ne olursa olsun tüm ülkelere aynı yaklaşımı benimseyen yaptırımlar önermeleri birçok ülkede durumu içinden çıkılmaz bir hâle soktu. Latin Amerika ülkeleri, Bolivya'dan başlayarak bu konsensusa başkaldırmaya başladılar. Neoklasik modelin gelir eşitsizliğini artırdığı, sosyal hizmetlerde kesintilere neden olduğu ve bazı ülkelerde yoksulluğu derinleştirdiği gerçeğine karşı çıkmaya çalıştılar.

Sanayi ve teknoloji alanında yeni atılım yapan ülkelerin devletin koruma politikalarına ihtiyacı vardır. "Bebek endüstriler" büyüyüp gelişene kadar gümrük duvarları ve devlet teşvikleriyle korunarak ayakta kalmaları sağlanır. Ticari koruma, sübvansiyonlar ve yabancı yatırımcılarla ilgili kısıtlayıcı düzenlemeler ve diğer destekleyici hükümet önlemleri yoluyla ihracat yapabilecek kalite ve teknolojiye ulaşabilirler. En tipik örnekler Kuzeydoğu Asya ülkeleri olan Japonya ve Güney Kore'dir. Bu ülke hükümetleri Hyundai ve Mitsubishi benzeri dünya markaları yaratılırken yıllarca bu firmaları finansal açıdan desteklemişlerdir.

Neoklasik politikaların zengin ülkelerde de iyi işlemediği görülür. Hükümetler piyasa güçlerini dizginlemek için müdahaleci rol oynamaktan kaçınmamıştır. Devletler Washington Konsensusunda tavsiye edilenden çok daha aktif ve müdahaleci olmuştur.

Yeni teknolojilere yapılan büyük ölçekli yatırımların hayata geçirilmeleri tarih boyunca her zaman güçlü hükûmet desteği gerektirmiştir. Bilgi teknolojisi, biyoteknoloji, savunma ve sağlık alanlarında yatırımların riskli olması ve geri dönüşlerinin çok uzun döneme yayılması her zaman hükümet müdahalesi gerektirmiştir. Özel sektör ise uzun vadeli getiri sağlayacak, riskli sektörlere girmekte çok istekli değildir.

İklim değişikliği ile mücadelede ve sera gazı emisyonlarını azaltmada yoksul ülkelerde kamu müdahalesine ihtiyaç vardır. Tarımsal ve endüstriyel üretimde enerji verimliliği ve iklim adaptasyonu alanlarında zengin ülkeler tarafından geliştirilen teknolojilerin transferinde sübvansiyonlara ve kamu desteğine gereksinim vardır.

Yakın geçmişte sömürgeci İngiltere'nin ve ardından ABD'nin ekonomik anlamda dünyaya egemen olmalarının sebebinin serbest ticaret ve serbest piyasa politikaları olduğunu söylemek mümkün değildir. Bu ülkeler endüstrilerini korumak için tarih boyunca en agresif korumacılık politikalarını uygulamışlardır. Tipik bir örnek olarak 1830'lardan İkinci Dünya Savaşı'na kadar ABD sanayi ürünlerine %35-50 civarında gümrük tarifesi uyguluyordu.

İnsan Hakları ve Kâr Maksimizasyonu

Tarih boyunca yönetenler zenginlik, mal ve mülk edinmek uğruna yeni coğrafyalar keşfederek buradaki yerli halkları sömürmüşlerdir. Bazı ırklara yok olma derecesinde soykırım uygulamış, köle olarak çalıştırmışlardır. Latin Amerika ülkelerinin bağımsızlıklarını kazandıktan sonra imzaladıkları serbest ticaret anlaşmaları "tarife özerkliği"nden yoksundu. Başka bir deyişle, kendi gümrük tarifelerini belirleme hakları yoktu.

Yakın tarihimizden serbest piyasaya çok sayıda müdahale örneği vermek mümkündür. Aşırı bir örnek olarak ABD'li muz şirketlerinin dünyanın en büyük ölçekli muz plantasyonlarına sahip olan Kolombiya ve Ekvator'daki akıl dışı faaliyetleri verilebilir. Bu şirketlerin çıkarlarına karşı hareket etmeye çalışan hükümetler, yirminci yüzyılın ilk yarısı boyunca ABD deniz piyadelerinin işgalleri, istilaları ve askeri darbelerle karşı karşıya kalmıştır.

Çokuluslu şirketlerin mutlak hakimiyeti altına giren gelişmekte olan benzer ülkelerde yalnız ev sahibinin ekonomisi değil, sosyal ve politik düzenler bu müdahalelerle altüst edilmiştir. Şili'de General Pinochet tarafından yürütülen darbe neoklasik ekol savunucuları tarafından "ekonomik özgürlüğü savunmak" olarak görülmüştür.

Ekonomik Özgürlük

Serbest piyasa savunucularının açıkladığı özgürlük dar kapsamlıdır ve sadece ekonomik alandaki özgürlüğü ifade eder. İşletmelerin ve bireylerin en kazançlı bulduklarının üretme ve satma özgürlüğü söz konusudur. Siyasal ve toplumsal benzeri farklı özgürlükler ekonomik özgürlüklerle çakıştığı zaman serbest piyasa iktisatçıları ekonomik özgürlüğü birinci sıraya koymaktan çekinmez. Neoliberal modelin en güçlü savunucusu Milton Friedman'ın Şili'de kanlı darbe yapan General Pinochet'i destekleme gerekçesi de buna en çarpıcı örnektir.

Friedman ve diğer serbest piyasa ekonomistlerinin savunduğu ve çok değer verdiği özgürlük yalnızca mülk sahipleriyle ilgilidir. Bu görüşe göre sermayedarlar ve toprak sahiplerinin mülklerini en kazançlı şekilde kullanma özgürlüğü olmalıdır. Friedman, şirketlerin temel sorumluluğunun kâr etmek olduğunu ve sosyal sorumluluk projelerine odaklanmamaları gerektiğini savunur.

YAŞAMI FAYDA / MALİYET ÜZERİNE KURULU

Homo economicus, ekonomi teorisinde rasyonel ve yalnızca kendi çıkarlarını takip eden insan modelini tasvir eder. Bu terim bireylerin her zaman kişisel fayda ve maliyetlerini hesaplayıp, daha sonra faydalarını maksimize etmeye çalıştığını ve tüm kararlarını bu doğrultuda verdiğini varsayar.

Homo economicus, tüm piyasa bilgilerine sahiptir, tercihlerini net bir şekilde bilir ve her zaman en rasyonel ve optimal kararı verir. Klasik ve neoklasik ekonomi teorilerinde piyasa davranışlarını analiz etmek için kullanılan bir modeldir.

Serbest piyasa ekonomisinde yaptığımız her harcama fayda, maliyet ve verimlilik esaslarına göredir. Duygular, sosyal normlar, ahlaki değerler ve sınırlı bilgilerin varlığı dikkate alınmaz. 1980'li yıllardan başlayarak homo economicus aklı hayatımızın her köşesine sızmış ve vereceğimiz tüm kararları rakamlara indirgemiştir.

Kararlarımızı etkileyen psikolojik faktörleri ve bilişsel önyargıları hesaba katmamamız gerektiğini bize sürekli hatırlatır.

Fayda Maliyet Analizi

Fayda-maliyet analizi bir kararın veya projenin olası maliyetlerini ve faydalarını karşılaştırarak karar verme sürecini basitleştiren rakamsal bir değerlendirme yöntemidir. Amaç bir eylemin sağlayacağı toplam faydaların, katlanılan toplam maliyetlerden daha büyük olup olmadığını belirlemektir. Bu şekilde eylemin ekonomik açıdan sürdürülebilir olup olmadığı değerlendirilmiş olur.

Tüm fayda ve maliyetlerin parasal olarak değerlendirilmesi içinde bulunduğumuz çağın en büyük sorunlarından biridir. Satın alma işlemi ya da yaptığımız harcamalar çağdaş yaşamın en belirleyici özelliklerindendir. Neredeyse, harcadığımız için var olduğumuzu söylemek mümkündür. Para harcarken bilgi toplar, bu bilgileri matematiksel işleme tabi tutar, maliyet ve getirisini hesaplar, bizim için en iyi olanı değerlendirmeye çalışırız.

Ekonomi bilimine göre herkes kişisel çıkarlarına göre organize olmuş, birer homo economicus'a dönüşmüştür. İngiliz iktisatçı Sir Dennis Robertson'a göre insanın iyi niyetine güvenmek yeterli değildir ve bunun yerine piyasa işlemlerine ve kişisel çıkarlara güvenmemiz gerekir. İnsanoğlunun özündeki bencillik ortak eylemleri ve sosyal sorumlulukları arka plana atar. Geriye yalnız anlık mali endişeler kalır.

Ekonomi Bilimi ve İnsan

Ekonomi bilimi lisanı ve kullandığı araçlarla çıkarcı, hesapçı ve hatta güvenilmez bir insan portresi çizer. Ekonomi dünyası para karşılığı değer, verimlilik ve yatırımın dönüşünü elde etmekle ilgilidir. Bunu yaparken karmaşık matematik modelleri, istatistik, varsayımlar, regresyon analizleri vb. kullanır ya da bizler bireyler olarak parmak hesabı bile yaparız.

Ekonomi artık uzmanlaşmış bir laboratuvar bilimi olmaktan çıkıp dünyamızı organize eden bir sosyal sözleşme hâline dönüştü. Sahip olduğumuz, satın aldığımız ve kullandığımız nesneler aracılığıyla "homo economicus"u meydana getirmeyi başardı.

Homo economicus yaşadığımız hayatta, sağlık hizmetlerinde, güvenlik alanında, alışverişte, yatırım veya eğitim alanlarında ya da evlilikte seçim yapmak zorunda kaldığımızda bizim için neyin önemli olduğunu tayin eder. Bu şekilde kişisel çıkar anlayışı hayatımızın tüm aktivitelerinin içine işlenmiş olur.

Bu yüzden maliyetleri uygun olmadığı için hastalara, yaşlılara, emeklilere yeterince bakım sağlayamıyoruz. Eğitim alan öğrencileri maliyet ve kaliteye göre listelenmiş fiyatlar ödemeye zorlayan okullara yönlendiriyoruz. İlişkilerimizde bile verimli ve etkin bir birliktelik bekliyoruz. Canımız istediğinde koparacağımız, kendimizden bir şeyler vermemizi gerektirmeyen birliktelikler arıyoruz.

Kredi Notumuz

Finans sektörü son 20 yılda radikal bir yeniden yapılanmaya gitti. Ev kredisi kullanmak ya da kredi kartı sahibi olmak istediğimiz zaman o dönemde banka şube müdürünü görmeye giderdik. Banka müdürü bizleri kişisel olarak tanır ve bilgi sahibi olurdu. Eski moda bankacının tek amacı bankanın parasını kaybetmemekti. Sağduyusunu kullanıyor, kendisine verilen yetki ve limitlerle karar verebiliyordu. Ekonomik ve sosyal ilişkiler iç içe geçerek birbirini tamamlıyordu. Sosyal yükümlülüklerden kaçmanın, mali yükümlülüklerden kaçmaktan çok daha zor olduğu, gerçeği vardı.

Günümüzde artık bankalar nezdinde sadece T.C. kimlik numaramızdan ibaretiz. Kredi kartı başvurumuzu bile çevrimiçi mobil telefonlar üzerinden yapmamız isteniyor. Şubeye gittiğimiz zaman müşteri temsilcimiz işlem yapabilmek için mobil cihazımızı istiyor. Bankalar artık bizi kişisel olarak tanımıyor. Kim olduğumu ve neye yaradığımı da bilmek istemiyor. İstatistik olarak parayı geri ödeme riskimi hesaplamak için algoritmalar kullanıyor. Kredi notuma ve borçlanma verilerime ulaşarak riski popülasyon üzerinden hesaplıyor. Öğrencilik yıllarımızda İngiliz Lloyds Bank'ın aklımıza kazınan "*Listening Bank*" sloganı artık tarih olmuş durumda.

İnsan Hayatı ve Maliyet

1972 yılında ABD'de piyasaya sürülen Ford Pinto imalat hataları nedeniyle birçok cana mal oldu. Karbüratör boğuluyor ve aniden motorun durmasına neden oluyordu. Otoyolun orta şeridinde yolda kalan bir Pinto'ya arkadan çarpan başka bir araç, arka mili benzin deposuna doğru itince yangın çıktı ve içindekiler yanarak öldü.

Kazazedelerin aileleri tazminat davası açtı. Mahkeme, Ford'un tehlikenin farkında olduğuna ve nispeten ucuz üretim önlemlerini almamayı seçtiğine karar verdi. Başka bir deyişle, Ford kâr etmek ile insan hayatını kıyaslıyor ve birincisini seçiyordu. Ford mahkemenin önerdiği ucuz parça ilavelerini de hiçbir zaman uygulamadı. Bu hikâye bir kurumsal ahlaksızlık hikâyesi olarak efsaneleşti.

1978 yılında başka bir kazayı takiben olayı bir gazeteci ifşa edince Ford hakkında yeniden mahkeme süreci başladı. Ford geri çağırma departmanı yetkilileri Pinto ile ilgili olarak gelen raporlar nedeniyle araçların geri çağırılması talebinde bulundu. Ancak bu talep arka arkaya iki kez kurulda oylanarak reddedildi.

Sağlık Hizmetleri ve Maliyet

Sağlık hizmetleri ve risk anlayışının merkezine alınması gereken uzmanlık, deneyim, değerlendirme ve insani sorumluluk hissi benzeri unsurlar artık kenara atılmış durumda. Sağlık hizmetleri, maliyet tasarrufu ve verimlilik unsurlarını öne çıkaran birer ticari işletme olarak yeniden konumlandırılıyor.

Ekonomik modeller ve analizler rakamlar üretirken risk unsurunu da bir başka tüketim ürünü hâline getirdi. Bu dönüşüm piyasanın ortaya koyduğu kıyasıya rekabet ve maliyet-fayda analizi günümüzün sağlık sektöründe neyin adaletli ve neyin doğru olduğunu tespit etmeye çalışıyor.

Ekonomik değerler sağlık hizmetlerinin sömürgeleştirilmesine izin vermiş durumda. Doktorlardan öncelikle verimlilik, maliyet, tasarruf ve finansal gücü ön planda tutan birer iş adamı ve idareci olmaları bekleniyor.

Ekonomik yaklaşım odak noktasını, tedavi görenler yerine, tedavilere ve harcanan paralara kaydırmış durumda. Vizitesi yapılan hasta ya da ameliyat sayısına göre verimlilik analizleri yapılıyor.

Eğitim Hizmetleri ve Maliyet

Öğretim hayatımız son yirmi yılda piyasanın güdümü altına girmiş durumda. Okullar birer ticari işletmeye dönüştü. Ücretler eğitimi satılabilir bir metaya dönüştürdü. Öğrenciler birer müşteri oldu ve okullar da müşteri için birbirleriyle kıyasıya rekabet hâlinde.

Üniversite sıralamaları potansiyel öğrenciyi hisleri olmayan, rasyonel düşünen, maliyeti karşılığı getiri arayan ekonomist birer seçmen olarak görüyor. Sıralamalar öğrencilerin kararlarında gittikçe önemli olmaya başladıkça fakülte yöneticileri de kaynaklarını, sıralamayı artıracak şekilde kullanmaya başladı. Sıralamalar daha fazla hissedar çektikçe daha fazla güçleniyor.

İşverenlerin belli diploma derecelerine daha yüksek maaş ödeme eğilimi de vardır. Akademisyenler uygun bir disiplin altında üretmeye zorlanır. Kaç yayının ne sıklıkta alıntı olarak alındığını gösteren puanlar vardır (h-endeksi). Alıntı endeksleri ve dergi sıralamaları akademisyenlerin işe alınma sürecini etkiler.

Fonların düşük ve konumun zayıf olduğu üniversiteler için bu durum büyük tehlike arz eder. Etiket ve görselliğin ön planda olması, kendini hemen belli etmeyen eğitim ve öğretim desteği gibi ana konuları arka plana atar.

Günlük yaşamın her yönünü sömüren ekonomik araçlar, bizleri başkalarının temel değerlerini, kişiliklerini ve parasal olmayan üstünlüklerini görmezden gelmeye zorlamakta. Yaşamlarımızı maliyet- fayda sisteminin birer parçası hâline getirmiş durumdayız.

Ahlaki problemleri teknik simülasyonlara indirgeyen bu bilim dalı, içinde bulunduğumuz zor yaşam koşullarına bir çözüm bulmakta gittikçe zorlanıyor.

Yardımseverlik, sağlık, sanat, toplumsal erdemler, evlilik, ekonomisi yapılacak kıt kaynaklar değildir. Kendine göre israf etmenin bile bir yeri olabilir.

Diğer yandan ekonomiyi bütünüyle bir kenara bırakamayız. Toplum hayatında bazı problemleri çözmek için ekonominin özel uzmanlık alanına ihtiyacımız var. Demokratik süreçlerle belirlenmiş karar ve ilkelere hizmet eden bir bilim dalı olarak ekonomi bize her zaman gerekli donanımı sağlayabilir.

KÜRESELLEŞMEYLE DEĞİŞEN DÜNYA DÜZENİ: SANAYİ SONRASI EKONOMİ

Küreselleşmenin sözlük anlamı dünya genelinde ülkeler, toplumlar ve ekonomiler arasındaki etkileşimin artması ve bu süreçlerin ortak kullanılır hâle gelmesidir. Ticaret, teknoloji, kültür, politika, sanat benzeri alanlarda gerçekleşen uluslararası iş birliği ve entegrasyonu ifade eder.

Ekonomik küreselleşme mal ve hizmetlerin ve sermayenin serbest dolaşımıyla ilgilidir. Ekonomi tarihinde serbest ticaretin desteklenmesi 1980'li yıllarda IMF ve Dünya Bankası öncülüğünde gelişmekte olan ülkelere dayatılan politikalar ile başlar. Dönemin politikacıları ve neoklasik iktisatçılar tarafından desteklenerek global hâle gelmiştir. Sermayenin serbest dolaşımı ise 2000'li yılların başından itibaren finans sektöründe çok önemli yapısal dönüşümlere yol açarak 2008 Küresel Finansal Krizi'ne neden olmuştur.

Ekonomik alanda küreselleşme herkes için faydalı olmadı. Adalet ve eşitsizlik konularında büyük kaygılar yarattı. Ekonomik büyümeyi yavaşlatarak toplum içinde aşırı uçları destekleyen, geleceğinden umudunu kesmiş işsiz ve güvencesiz gruplar oluşturdu.

Avrupa Birliği Örneği

Ekonomik entegrasyonun yarattığı sorunlar Avrupa'dan başka hiçbir yerde bu kadar net görülmüyor. Avrupa'nın tek pazarı ve tek para birimi kırılgan üyelerde büyük demokrasi sorunları yarattı. Özellikle dış açıkları ve borçluluk oranları yüksek olan üye ülkeler 2008 Finansal Krizi'nden sonra büyük sorunlar yaşadı.

Ekonomik entegrasyon üye ülkelerin kriz döneminde kendi paralarını basmasına, farklı yerel düzenlemeler getirip, farklı hukuki standartlar oluşturmasına izin vermedi. Ekonomik durgunluktan çıkmak için para arzını artırmak gibi temel Keynesian iktisat kuralları ülkeler bazında uygulanamadı. Artık her ülkenin bağımsız bir merkez bankası yoktu.

Euro Bölgesi günümüzde ekonomik alanda deflasyon, işsizlik ve ekonomik durgunluk, siyasi alanda ise seçmenlerin tatminsizliği ve aşırılıkçı partilerin yükselişiyle karşı karşıya.

Para biriminin değerini düşürme silahından yoksun olan Yunanistan, tipik bir örnek olarak, ekonomik alanda 2008 krizinden beri toparlanamamıştır. Kamu harcamaları, vergi indirimleri ya da devalüasyon gibi geleneksel çözümler Yunanistan'ın Euro Bölgesi'ne üye olması nedeniyle devre dışı kaldı.

Ekonomik ve Siyasi Birlik

Avrupa Birliği (AB) genelinde ekonomik iş birliği, ülke bazında siyasi kurumlarla desteklenemediği için gerçek anlamda hayata geçemiyor. Avrupalı liderler demokrasi ve ulusal egemenliği geri planda bırakmak zorunda kalarak seçmenleri karşısında zor durumda kalıyor. Tek bir piyasanın, ancak birden fazla siyasi birimin olması, bugün AB'nin en büyük sorunu olmaya devam ediyor.

AB'nin küresel krizden sonra uyguladığı reformlar demokratik açığı derinleştirdi, yapısal reformlar daha teknokratik ve daha az hesap sorulabilir hâle gelerek seçmenleri uzaklaştırdı.

Demokratik açıdan kendi seçmenlerine karşı sorumluluğu olan hükümetler kriz sonrası ulusal egemenlik ve ekonomik birleşmenin bir arada yürütülemediğine şahit oldular.

Yunanistan'da Temmuz 2015'te yapılan referandum sonucu seçmenler kararlı bir şekilde yabancı alacaklıların dayattığı sıkı para politikalarını ve kemer sıkma önlemlerini reddetti. Diğer üye ülkeler bu durumu sempatiyle karşılamadılar. Almanya gibi büyük alacaklı ülkelerin yanı sıra, daha yoksul üye ülkeler geçmişte aynı sorunları yaşadıkları için Yunanlıların da aynı süreçten geçmesini gayet normal karşıladı.

Prekarya

Sözlük anlamı olarak prekarya iş güvencesinin, sosyal hakların ve ekonomik istikrarın eksik olduğunu tanımlayan bir terimdir. İngilizce precariousness (güvencesiz) ve proletariat (emeğini satarak geçimini sağlayanlar) kelimelerinin bir araya getirilmesinden oluşturulmuştur.

Sanayileşmenin yavaşlaması ve küreselleşmenin getirdiği ekonomik durgunluk nedeniyle üretim faktörleri arasında emeğin günümüzde giderek daha zayıf bir konuma düştüğü görülüyor. Dünya ekonomisinin küreselleşmesiyle birlikte sermaye hareketleri serbestleşti ve üretim yer değiştirilebilir hâle geldi. Bunların sonucu olarak sermaye en çok kazanacağı yere, üretim ise en ucuz yerlere kaydı. Avrupa Birliği ve diğer gelişmiş ülkelere olan göç hareketleri bunlara ek olarak emeği ucuzlattı.

Sonuç olarak günümüzde işçi sendikaları güç kaybetmiş, işsizlerin sayısı artmış ve iş güvencesi azalmış durumda. İşsiz ve güvencesiz bu insanların sayısındaki bu artış, her türlü siyasi ve politik manipülasyona açık, aşırı uçları destekleyen, ekonomik entegrasyona şiddetle karşı çıkan bir toplumsal sınıf yarattı. Prekarya olarak adlandırılan bu sınıf Fransa örneğinde olduğu gibi aşırı milliyetçilere destek vererek AB karşıtı duruşlarını açıkça sergiliyor.

Sanayi Sonrası Ekonomi

Ekonomi tarihi boyunca hızlı ekonomik büyümenin sanayileşme sayesinde gerçekleştiğini görüyoruz. Bugün içinde yaşadığımız dünya ise çok farklı. Küreselleşme ve teknoloji bir araya gelip imalatın doğasını değiştirdi. Üretim mallarının fiyatları hizmet sektörüne kıyasla düştü, imalat gittikçe daha sermaye ve beceri yoğunluklu bir alana dönüştü. Tarımdan ve kayıt dışı sektörlerden gelen niteliksiz işçileri kullanma potansiyeli ise azaldı.

Gelişmekte olan birçok ülke doğru dürüst sanayileşme deneyimi bile yaşamadan hizmet ekonomisine dönüşmüşlerdir. Sanayi işçilerinin büyük bir kısmı artık dükkân açmayı, restoran işletmeyi ya da çiftçilik yapmayı tercih eder olmuştur.

Politikacılar artık ekonomik büyümeyi sürdürebilmek için hizmet kollarındaki verimlilik artışlarına odaklanmak zorundadır. Sektör bazında teşvikler ve tedbirler yerine, tüm ekonomiyi kapsayacak şekilde beşerî sermayeye ve kurumlara yapılacak yatırımlar ön plana çıkmaktadır. Aynı anda tüm hizmet kollarında verimliliğin artması hedeflenmelidir.

Ekonomik büyümede geleceğin yol haritasını sanayi tesisleri ve donanımlarından ziyade, teknik olmayan insan altyapısına yapılacak yatırımlar belirleyecektir.

Gelir Dağılımı Eşitsizliği

Küreselleşmenin bir mucize yaratacağı beklentisi başlangıçta oldukça revaçtaydı. Bu mucize beklentilerinin başında, gelir dağılımının düzeleceği geliyordu. Ancak öyle olmadı. Küreselleşme çabalarının üzerinden neredeyse kırk yıl geçmesine rağmen, son yıllarda orta sınıfın giderek daha da çökmesine şahit oluyoruz.

Sanayi sonrası ekonomi, hizmet kollarında sabit, yüksek ücretli ve tatmin edici işlere sahip olan insanlar yarattı. Diğer tarafta geçici, düşük ücretli ve tatmin etmeyen işlerde çalışanlar arasında yeni bir uçurum oluştu. Hizmet ekonomisi sendikalaşma, iş güvencesi ve eşit ücret standartlarında gerilemeye yol açarken, işçilerin pazarlık gücü de önemli ölçüde zayıflamış oldu.

Eğitim ve beceri seviyesi ne kadar yüksekse ücretler genelde o derece yüksektir. Eğitim fırsatlarının ve becerilerin eşit olmadığı ülkelerde gelir dağılımı eşitsizliği de yüksek olmaktadır. Hizmet kollarının çalışanlara yeterli ölçüde iş güvencesi sunduğu coğrafyalarda sektörün verimliliğinin arttığını görmekteyiz.

Gelişmekte olan ülkeler için sanayi sonrası ekonomi her ülkeye özel olarak farklılıklar gösteriyor. Ancak bu ülkelerde yüksek verim isteyen hizmet sektörünün ilerlemesi için beceri kazanmak ve kurumsal yapıların gelişmesi uzun yıllar alacaktır.

Yerel Yönetimlerin Önemi

Küreselleşmenin önündeki en büyük engel, serbest piyasaların küresel doğası karşısında, piyasa kurallarının ve piyasayı destekleyen kurumların ise yerel olmasıdır. Başka bir deyişle, küresel piyasaları yerel kurumlar yönetmektedir. Bu dengesizliği Avrupa Birliği örneğinde ve dünya ticaretine ülke bazında getirilen korumacılık ve gümrük tarifelerinde görmek mümkündür.

Piyasayı destekleyen kurumlar tek ve eşsiz değildir. Ülkelerin bu yapılara ilişkin ihtiyaçları ve tercihleri farklıdır. Coğrafi mesafeler uzadıkça bu ihtiyaçlar ve düzenlemeler arasındaki farklılıklar da artar. Gelişmiş ülkeler tarihsel olarak birbirinden çok farklı kurumsal yapılanmalar ile refah düzeylerini artırabilmiştir.

Dünya Bankası, OECD, Dünya Ticaret Örgütü, G20 benzeri uluslararası yapıların en iyi devletler üstü bir kurumsal yapılanma oluşturmaya yönelik çabaları bugüne kadar sonuçsuz kalmıştır.

Yakın tarihte yaşanan ekonomik krizlere karşı John Maynard Keynes'in önerdiği kurtarma paketleri ulusal bir ekonomi yönetiminin gerekli olduğunu ortaya koydu. Kriz dönemlerinde kamu sektörünün üretime katkıda bulunması, vergi teşvikleri, yerel merkez bankalarının resesyonu önlemek için para basması ve devalüasyon benzeri tedbirler ülkeler bazında uygulandı. Bütün bunlar yerel yönetimler tarafından gerçekleştirildi.

Gelecek İle İlgili Beklentiler

Küreselleşmenin bir parçası olan ekonomik entegrasyon çabaları ülkeler bazındaki farklı kurumsal yapılar ve ihtiyaçlar nedeniyle başarılı olamadı. Gerçek anlamdaki bir ekonomik birliğin siyasi kurumlar tarafından da desteklenmesi gerektiği ortaya çıktı.

Avrupa Birliği (AB) ulusal egemenliğin ötesine geçmeyi başaramadığı için ekonomisi nispeten zayıf olan Yunanistan ve İspanya benzeri ülkelerin finansal sorunları büyüyerek birliğin kendisini bile tehlikeye atacak konuma geldi. AB'nin zaman içinde ulusal egemenliğe dayalı uygulamaların ekonomik birleşme sayesinde ortadan kalkacağı varsayımı gerçekleşmemiş durumda. Siyasal birliği oluşturmak ya da ekonomik birliği gevşetmek tercihleriyle baş başa kalmış durumdadır.

Gelecekte ekonomik büyümenin küreselleşme ile değil, her ülkenin kendi koşullarına uygun yeni düzenlemeler getirmeleriyle sürdürüleceği görülüyor. Çin, Güney Kore, Tayvan ve Mauritius örneklerine bakıldığında yakın geçmişte bunun mümkün olduğu ispatlanmış durumda.

Teknolojik ilerlemeler sayesinde, sanayi yerine hizmet sektörü ağırlıklı ekonomik büyümenin artık gündemde olduğu görülüyor.

DİJİTAL EKONOMİ: Z KUŞAĞININ DÖNÜŞÜME ETKİSİ

Z Kuşağı yaklaşık 1996 senesi ile 2010-2012 yılları arasındaki zaman diliminde doğan bireyleri kapsayan bir nesil olarak tanımlanır. Z Kuşağı teknolojiyle iç içe büyüyen bir nesil olması nedeniyle dijital yerliler olarak bilinir. İnternet, akıllı telefonlar ve sosyal medya Z kuşağının ayrılmaz bir parçası hâline gelmiş durumda.

Bu kuşak önceki nesillerden farklı olarak bilgiye hızlı erişim sağlayabilen, dijital araçları aktif bir şekilde kullanan, sosyal ve politik konularda daha duyarlı bir tutum sergileyen bireylerden oluşuyor. Toplumsal adalet, çevre bilinci, bireysel özgürlükler ve çeşitliliğe önem veriyor.

Teknolojiyle nasıl bütünleştikleri göz önünde tutulduğunda bu kuşağın ne kadar farklı olduğu görülüyor. 6,1 inçlik bir ekranda hayatı yaşıyorlar. Onlar için iletişimin hızlı, konu odaklı, ekranda ve mümkünse görsel olması gerekiyor.

İş hayatında ise esneklik, yaratıcılık ve yenilikçilik arayışında oldukları göze çarpıyor. Uzaktan çalışma iş- yaşam dengesi kurallarına uyma ve iş yaparken sosyal sorumluluk bilinciyle hareket etmeyi ön planda tutuyorlar.

Dijital Tüketim

Z Kuşağı çevrimiçi alışverişe ve dijital hizmetlere büyük önem veriyor. E-ticaret, dijital ödeme sistemleri ve mobil uygulamalar üzerinden alışveriş yapma eğilimleri geleneksel perakende sektörünü dönüştürmüş durumda.

Markaları tanıtmak adına yüksek ücret alan halkla ilişkiler takımlarına kıyasla Z kuşağı, sosyal medya platformlarında çok daha fazla verim sağlıyor. Birbirleriyle iletişim hâlindeyken, alışveriş yaparken, satın alırken, paylaşırken, iade ederken, puanlarken ve tepki verirken muhteşem miktarda veri üretiyorlar. Bu veri hazinesi pazarlamacılara, markalara ve girişimcilere tam olarak ne yapmak istediklerini söylüyor.

Tüketici olarak ilk beklentileri yaptıkları alımların verdikleri paraya değmesi, başka bir deyişle kullanışlı ve dayanıklı bir ürüne sahip olmaları. Paralarının karşılığını görmek istiyorlar. İkinci el mağazalarından çokça alışveriş yapıyorlar. Değer anlayışları ise düşük kaliteye göz yumacakları anlamına gelmiyor. İkinci beklentileri kişiye özel olması. Reklamlardan satın almaya ve iadeye kadar tercihlerine göre kişiselleştirilmiş müşteri deneyimi istiyorlar. Önemli başka bir beklentileri, markanın ya da ürünün kendisinden daha büyük bir amaca hizmet etmesi.

Sürdürülebilirlik

Z Kuşağı, sürdürülebilirlik konusunda en bilinçli ve aktif kuşaklardan biri. İklim krizi, doğal kaynakların tükenmesi ve çevresel sorunlar bu kuşak için büyük endişe kaynağı. Bu nedenle hem bireysel hem de toplumsal düzeyde bu konuya büyük önem veriyorlar.

Çevre bilinci sorunlarının farkındalar ve bu konuda harekete geçmeye istekli bir nesil. İklim değişikliği, ormanların yok olması, su kıtlığı gibi küresel çevre problemleri onların gündeminde ön planda yer alıyor.

Z Kuşağı çevreye duyarlı ve sürdürülebilir ürünleri tercih ediyor. Bu neslin markalardan çevre dostu üretim ve sosyal sorumluluk beklentileri nedeniyle şirketler sürdürülebilir iş modellerinin ön plana çıkmasına yardım ediyor. Bir ürünün nerede, nasıl ve çevreye sorumlu kaynaklarla imal edilip edilmediğini bilmek istiyor.

İklim aktivizminde ön planda yer alıyorlar. Bu kuşak sosyal medya aracılığıyla organize olarak bu konularda bilinç yaratma ve hükümetleri harekete geçirmeye zorlama konusunda önemli adımlar atıyorlar. Sosyal ve politik anlamda hükümetleri, şirketleri ve küresel kurumları da sorumlu tutuyorlar.

İş Hayatı

Z Kuşağı geleneksel 9-5 iş modellerine ilgi duymuyor. Daha az bağlayıcılığı olan ve daha esnek çalışma koşullarını tercih ediyor. Serbest çalışma, freelance iş modelleri ve girişimcilik bu nesil arasında oldukça popüler durumda. Ürün veya hizmetinin ötesinde daha büyük bir amaç uğruna var olan bir firmada çalışmak istiyorlar. Çalışmalarının mevcut yaptıklarından daha büyük bir şeye katkıda bulunduğunu bilmek istiyorlar.

Kendilerini birey olarak önemseyen ve başarılı olmalarına yardımcı olmak isteyen şirket arıyorlar. İş yerinde ve kariyerlerinde ne istediklerine dair tüm ipuçlarını ilk önce sosyal medyada araştırıyorlar. Eğlenceli ve esnek çalışma imkânı sunan bir iş yeri arıyorlar. Esnek çalışma şartları onlar için iyi bir maaştan daha fazla önem arz ediyor. Yönetici ve işe alım müdürlerinin ortak görüşü onların çalışanlarına değer veren işyerlerine öncelik verdikleri şeklinde. Yapacakları işten zevk alacakları ve kendi değerlerini paylaşan bir şirket istiyorlar.

İş başvurularında kâğıt kalemle birkaç sayfadan oluşan başvuru formlarını doldurmayı Z kuşağı bilmiyor. Yanlarında zaten kalem taşımıyorlar. Tüm iş başvurusunu çok sevdikleri mobil cihazdan çevrim içi yapmayı ve aynı zamanda başvuruyu kaydedebilmeyi arzu ediyorlar.

Sosyal Medya

Z Kuşağı tüketim, satın alma tercihleri ve markalarla olan iletişimlerini sosyal medya aracılığıyla kuruyor ve şekillendiriyor. Bu yaklaşım sosyal medya reklamcılığını ön plana çıkarıyor. Youtube ve Instagram benzeri platformlarda popüler olan influencer'ları yakından takip ediyorlar. Bu kişiler Z kuşağının yakın takibi sayesinde önemli kazançlar elde ediyorlar.

Bu kuşak sosyal medyayı varsayılan iletişim aracı olarak kabul ederek büyüdü. Haber, kişisel markalaşma, eğlence, bir arada olma, eğitim, flört etme gibi aktivitelerin kaynağı olarak sosyal medyayı kullanıyorlar. Z kuşağı sosyal medya platformlarında nasıl iletişim kurulacağını çok iyi biliyor. Z kuşağı bir iş yerinin çalışanı ya da müşterisi bile olmadan sadece sosyal medya üzerinden yazıp çizdikleriyle muazzam bir güçle etki yaratabiliyor. Bu kuşağın sesini duymak, anlamak markalar, işyerleri ve yöneticiler için büyük önem arz ediyor.

Birbirleriyle bağlantıları çok güçlü ve dünyanın her tarafındaki yaşıtlarıyla iletişim hâlindeler. Ucuz mobil teknoloji sayesinde küresel olarak ortak noktalarının çok fazla olduğu görülüyor. Dünyanın öbür ucundaki yaşıtlarıyla ortak platformları kullanarak haberleşiyorlar. Bir şey satın almadan önce mutlaka arkadaş tavsiyesi alıyorlar. Dünya devasa kültürel ve siyasi değişimleri yaşarken bu kuşağın bildiği tek dünya ise sosyal medya üzerinde yer alıyor.

Finansal Yaklaşım

Z Kuşağı önceki nesillere kıyasla para harcama, tasarruf yapma ve finansal güvence oluşturma konularında son derece hassas ve temkinli davranıyor. Ancak kripto paralar benzeri yenilikçi araçlara da ilgi göstermekten geri kalmıyor.

Z kuşağı hayatında bir çek karnesi bile görmedi. Günlük bankacılık işlemlerini yapmak üzere fiziki olarak bir banka şubesine hiçbir zaman gitmedi. Mobil uygulamalar geçmişte hiç olmadığı kadar para kazanmalarını, tasarruf etmelerini, yatırım yapmalarını ve para harcamalarını sağlıyor.

2008 Küresel Finans Krizinde anne ve babalarının işlerini kaybetmemek için nasıl savaştıklarını ve onların hâlâ kredi borçlarıyla boğuştuklarını gördüler. Kendileri için farklı bir finansal gelecek yaratmak istiyorlar. Kendi finansal geleceklerinin kontrolünü de ellerine almış durumdalar.

Parayı harcama, tasarruf etme ve kazanma ile ilgili güçlü bir hayat görüşüne sahipler. Potansiyel müşteri ya da çalışan olmaları amacıyla onlarla iletişime geçen birinin her şeyden önce finansal değerlerinin ve beklentilerinin neler olduğunu bilmesi önem taşıyor.

Nakit taşımaktan hoşlanmıyorlar, parayı cüzdandaki nakit değil, ekrandaki rakam olarak görüyorlar. Vale ve bagaj taşıyanlara ödeme yapamıyor, restoranlarda bahşiş veremiyorlar.

Dijital Finans

Z Kuşağı önceki nesillere kıyasla para harcama, tasarruf yapma ve finansal güvence oluşturma konularında son derece hassas ve temkinli davranıyor. Ancak kripto paralar benzeri yenilikçi araçlara da ilgi göstermekten geri kalmıyor. İnternetin ve dijital teknolojinin içinde doğmuş bir nesil. Geleneksel finans sistemleri yerine, dijital ve merkeziyetsiz kripto para alternatifini daha doğal buluyorlar.

2008 krizi sonrası geleneksel bankalara olan güvenin azalması, bu kuşağı merkeziyetsiz ürünlere yöneltmiş durumda. Güven arayışına kripto paraların sunduğu şeffaflık ve kontrol imkânı cevap veriyor. Yatırım fırsatları açısından kripto paralar kısa sürede yüksek getiri potansiyeli sunuyor. Bu kuşak bağımsızlık ve erken yaşta servet sahibi olmak fikriyle yaşıyor.

Kripto paraların altında yatan teknolojiyi geleceğin teknolojisi olarak görüyorlar. Bu teknolojiyle finansal hizmetlerin daha hızlı, ucuz ve şeffaf hâle geleceğine inanıyorlar. Dijital finansta bilgi akışı büyük ölçüde sosyal medya üzerinden sağlanıyor. Bu platformlarda ilgili içerikleri daha hızlı benimsiyor ve yaygınlaştırabiliyorlar.

Z kuşağının bu ilgisi dijital finansın büyümeye devam edeceğine işaret ediyor. Yatırım araçlarına olan güvenin ve dijital inovasyonların devam etmesi talebin devam etmesini sağlayabilir.

Yeni Nesil Girişimci Profili

Z Kuşağı yeni nesil girişimci profilini oluşturuyor. Bu profil teknolojinin hızla geliştiği, dijitalleşmenin ve sosyal sorumluluğun ön plana çıktığı bir dönemde şekilleniyor. Geleneksel iş yapma yöntemlerinde farklılaşıyor ve bazı belirgin özellikler ile tanımlanıyor.

Yeni nesil girişimciler her şeyden önce dijital teknolojilere hâkim durumda. E-ticaret, dijital pazarlama, yapay zekâ, Blockchain benzeri teknolojileri kullanarak iş modellerini oluşturup geliştiriyorlar. Sosyal medya ve dijital platformları da işlerini büyütmek için kullanıyorlar.

Esneklik ve adaptasyon yetenekleri sayesinde hızlı değişen piyasa koşullarına uyum sağlayabiliyorlar. Yeni iş modelleri denemekten ve yeni teknolojilere yatırım yapmaktan çekinmiyorlar. Dijital dünya sınırları ortadan kaldırdığı için yeni nesil girişimciler küresel çapta düşünüyorlar. Ürün ve hizmetlerini uluslararası pazarlara sunmak, küresel sorunlara çözüm bulmak ve farklı kültürlerden faydalanmak konularına önem veriyorlar.

Bireysel başarıdan çok network kurma yoluyla iş birliğine güveniyorlar. Diğer girişimciler, mentorlar ve yatırımcılar ile güçlü bağlar kurarak işlerini büyütmeye çalışıyorlar. Hızlı büyümek istiyorlar ve risk almaktan çekinmiyorlar. Bu özellikler yeni nesil girişimcilerin iş dünyasında köklü değişimler yaratmasına fırsat sunuyor.

Z Kuşağının Geleceği

Z Kuşağının ekonomisi dijitalleşme, sürdürülebilirlik ve esneklik odaklı bir yapı sergiliyor. Bu kuşağın tercihleri hem iş dünyasında hem de tüketim trendlerinde köklü değişikliklere yol açıyor. Küresel olaylara ve bilgiye daha hızlı ulaşabiliyorlar. Bu sayede hem bireysel hem de toplumsal düzeyde farklı bir gelecek vizyonuna sahip oluyorlar.

Bu kuşak gelecekte dijitalleşmenin öncüsü olacak ve yapay zekâ, Blockchain, robotik, VR/AR benzeri teknolojilere hâkim olacaklar. Dijital ekonominin hızla büyümesiyle birlikte teknoloji odaklı iş kollarında daha fazla iş fırsatı yakalayacaklar. Çalışma kültüründe değişikliğe öncülük edecekler. Uzaktan çalışma, esnek çalışma saatleri, proje bazlı işlerin ve hibrit modellerin yaygınlaşması beklenen gelişmeler arasında.

Sosyal adalet, çevre bilinci ve eşitlik konularında aktif rol almayı hedefliyorlar. Geleneksel eğitim sistemlerinden çok, sürekli eğitime inanıyorlar. Online eğitim platformları, micro learning ve kişisel eğitim çözümleri onların öğrenme süreçlerini şekillendirecek. Gelecekte üniversitelerin yerini yetkinlik bazında verilen sertifikalar alabilir. Global vatandaşlık özellikleri sayesinde küresel düşünen ve dünya sorunlarına daha duyarlı bir nesil var. Gelecekte sınırların giderek azaldığı, çok uluslu iş modellerinin yaygınlaştığı bir dünyada yer alacaklar.

EKONOMİNİN BELKEMİĞİ AİLE ŞİRKETLERİ NASIL HAYATTA KALIR?

Aile şirketleri milyonlarca kişiye iş imkânı sağlayan, toplam üretim ve hizmetlerin yüzde doksandan fazla, ezici bir çoğunluğunda söz sahibi olan ekonominin temel taşı kurumlardan biri. Diğer taraftan, yaşam süreleri ise kurucuların hayatta kalma süreleriyle sınırlı. Aile şirketlerinin global anlamda en fazla yüzde 20'sinin ikinci nesil ile devam ettiği görülüyor.

Kısa ömürlü olmalarının birçok nedeni var. Bu nedenleri inceleyip derlemeye çalıştığımızda en önemli sorunun iletişim bozukluğu olduğunu görüyoruz. Bağımsız danışmanlık hizmetlerini yürütürken yaklaşık 27 yıl boyunca çok sayıda aile şirketiyle çalışma fırsatım oldu. Son derece ilginç olaylarla karşılaştım. Bunlardan bazılarına "Bilgi ve Deneyim Aynı Değildir" başlıklı kitabımda yer verdim. Patronlar hiç kimseye haber vermeye gerek duymadan çok önemli kararları tek başlarına vermeye alışkınlar.

Öncelikli çözüm, yapılan tüm faaliyetlerin ve alınan kararların yazılı hâle getirilmesi, belli kurallar ve hedefler ile yetki ve sorumlulukların paylaşılması oluyor. Bu çalışmaların bütününe ise kurumsallaşma diyoruz.

Ülkemizde küçük ve orta boy işletme (KOBİ) olarak sınıflandırılan şirketlerin birer aile şirketi olduklarını görüyoruz.

Danışmanın Rolü

İş kurmak ile onu etrafınızdaki insanlarla birlikte uyum içinde yürütmek farklı şeylerdir. İşini büyütemediğinden şikâyet eden bir firma sahibinin temel sorunu insanları olması gerektiği şekilde harekete geçirememesidir. Patronun tek başına yapabileceği işler sınırlıdır ve insanların yardımını almak zorundadır.

Danışman henüz gidilmemiş bir yoldan nasıl gidileceğini bilen ya da bilmesi gereken kimsedir. Bilginin ve onun ötesinde, deneyimlerin kıymetini bilmek ve farkında olmak yapılan işi büyütebilmek için son derece önemlidir. Danışman bordrolu bir çalışan olmadığı için görüşlerini özgürce ifade edebilir. İyi bir danışman, şirketin dışını ve başka şirketleri de gören ve kıyaslayabilen kimsedir.

Cevabını bilmediğimiz soruları kendi kendimize cevaplamaya çalışmak yerine, bildiklerimizi danışman ile tartışarak en doğru bilgiye ulaşmak daha kolay ve hızlı bir yoldur. Ancak ülkemizde danışman ile çalışma kültürü ne yazık ki yok. İş dünyasında pek çok konuda geriden gelmemizin temel nedenlerinden biri patronların kendilerini geliştirecek bu fırsata kaynak ayırmayı gereksiz bulmaları. Satış ve pazarlama faaliyetleri için harcanan paralar, fuarlar ve seyahatler göze batmazken, şirketi onlar öldükten sonra yaşatabilecek adımları ise nedense pahalı ve gereksiz buluyorlar.

Değişim İhtiyacı

Dijital teknoloji çağında ve Z kuşağının yönetici pozisyonlarında yer almak üzere olduğu günümüzde baş döndürücü bir hızla hayatımızın her alanında, hemen her gün, farklı veriler ve gelişmelerle karşılaşıyoruz. Biz değişime ayak uydurmakta bireyler olarak zorlanıyoruz. Aile şirketi patronlarının ise artık bu hızlı değişimle tek başlarına baş etmesi mümkün değil. Nelerin değişmekte olduğunu görmeleri gerekiyor. 5 kişiden 50 kişiye çıkmış, büyümekte olan bir şirketi yönetmenin yazılı kurallarının ortaya konma zamanı çoktan gelmiş demektir. Aksi durumda kalite bozulacak, verimsizlik artacak ve para kaybetmeye başlanacaktır. Yönetim tarzında değişim gündeme gelmelidir.

Teknoloji inanılmaz bir değişim sürecinde. Son yüz yılda sağlanan ilerleme, insanlık tarihi boyunca ortaya konulan gelişmelerin kat kat üstünde. Yıllık cirosu belli bir büyüklüğe ulaşan bir firmanın online/dijital pazarlama faaliyetine geçmesi ve sosyal medyayı artık etkin bir şekilde kullanması gerekiyor. Bu değişimleri yapmayan bir şirket, yapan rakibi karşısında hemen Pazar payı kaybetmeye mahkûm demektir.

Değişimin dışında kalan en önemli sabit ise insan doğası. İnsan doğasının binlerce yıldır değişmediğini söyleyebiliriz. Ancak sürekli değişen şartlar içindeki insan davranışları ve tepkileri aynı kalmıyor.

Kurumsallaşma Adımları

Aile şirketinin zaman içindeki değişim sürecinde kurumsal yönetimi fark etmesi gerekiyor. Henüz yeni kurulmuş bir şirketin ise tek sorunu hayatta kalmak olduğundan, kurumsallık kavramının gündemde olmasına bu şirketler için gerek olmuyor.

İlk yapılması gereken adım çocukların/varislerin eğitimine önem verilmesidir. Zamanı gelince bu şirketi devir alacak yeni neslin şirketleri batırdığına her gün şahit oluyoruz. Deneyimli, yöneticilik ve liderlik aşamalarından geçmiş bir kariyer mentoru, bu gençlerin kendini geliştirmesi, şirkette görev almaya hazırlanmaları, yöneticilik ve liderlik vasıflarını kazanmasını sağlayacak kişidir.

Ailenin huzurunun sağlanması ise ikinci aşamadır. Belirli bir büyüklüğe erişen şirketlerde aile içi sürtüşmeler baş göstermeye başlar. İlişkiler kopma noktasına bile vardığında şirket kötü yönetim nedeniyle yok olabilir. Şirkete ortak olan aile fertlerinin bir araya gelip aile anayasasını oluşturacak prensipleri tespit etmesi ya da bu görevi bir danışmana vermesi gerekir.

Kurumsal yönetim, yazılı kurallar koyarak işin yürütülmesidir. Patronun ruh hâli ve düşüncesine göre değil, belirli prensipler çerçevesinde işleyen bir çalışma ortamı yaratılmış olur. Herkes görevinin ve hedeflerinin ne olduğunun bilinciyle, yetki ve sorumluluklarını bilerek huzur içinde çalışma fırsatı bulur.

Hedeflerle Yönetim

Aile şirketi büyümeye başladığı zaman işi yürütmek için hangi fonksiyonlara gerek var, bu fonksiyonlar için hangi departmanların hayata geçmesi gerekiyor sorularına cevap aranması gerekiyor. Bu fonksiyonlardan sorumlu olacak kişileri tespit edip, görev dağılımı yapılması ve çalışma prensiplerinin kâğıda dökülmesi gerekir.

Yönetim yaklaşımlarından en çok kullanılanı ölçerek yönetimdir. Çalışanlara görev tanımlarına uygun ölçülebilir hedefler verilmesi, bu hedeflerin karşılıklı görüşme sonrası ortaklaşa tespiti ve her üç aylık dönem sonunda yüz yüze değerlendirilmesi aşamalarından oluşur. Bundan sonrasında o hedefe ulaşmak süreci çalışanın kendisine bırakılır. Her görev tanımını sayılarla ölçmek mümkün olmaz. Yaratıcılık gerektiren tasarım, yazarlık, yazılım, AR-GE, inovasyon benzeri işlerde sürece değil, doğrudan sonuca bakılması gerekir. Günümüzde artık evden çalışma, mesai saati gözetmeden çalışma yöntemleri de gelişmiş durumda.

Hedeflerle yönetim sürecinde motivasyon artışı sağlanmış olur. Çalışanlar, hedeflere ulaşma konusunda daha fazla motive olurlar. Organizasyon, belirli hedeflere odaklanarak daha etkili çalışır hâle gelir. Sürekli geri bildirim ile çalışanların performansı artırılır. Verilen hedefler doğrultusunda kaynakların daha etkin bir şekilde kullanılması sağlanır.

Düzenli Toplantı

Bugüne kadar hizmet verdiğim tüm aile şirketlerinde yönetim kurulu toplantısı yapıldığını göremedim. Kâğıt üzerinde var olan bu yapı, sadece yasal gereklilik nedeniyle önlerine konan kâğıdın imzalanmasından ibaret. Bir yönetim kurulu var, ancak üyelerin ticaret sicilinde kayıtlı olmasına yarıyor. Bu yapının temel görevi ise şirketin hedef ve stratejileriyle ilgili bir yol haritasını hazırlamak ve işlerin bu haritaya uygun ilerlediğini kontrol etmek. Şirketin dışında, sektörde, ekonomide ve dünyada nelerin olup bittiğini görmek için de bağımsız bir yönetim kurulu üyesine ihtiyaç var. Bu üyenin önemli bir diğer farkı eksik ve yanlış gördüğü hususları patrondan çekinmeden yüzüne karşı söyleyebilmesi.

Haftalık icra komitesi toplantıları şirket içi iletişim için olmazsa olmaz bir etkinliktir. Kâr merkezi sorumluları, departman sorumluları haftada bir çevrimiçi/şirket merkezinde bir araya gelerek gündemde olan konuları masaya yatırırlar. Yapılması gereken işler ve alınan kararlar toplantı notu hâline getirilir. Bir sonraki toplantıya kadar kimin neler yapacağı not edilir. Yönetim/patron bu sayede şirketin nabzını tutar ve aynı masada gerekli önlemlerin alınmasını ve bir sonraki hafta takibini sağlamış olur.

Üç aylık performans değerlendirme toplantılarında verilen hedefler gözden geçirilir. Alınması gereken ilave tedbirler karara bağlanır. Bu toplantılarda üst yönetim bir araya geldiği için şirket dışında farklı bir mekânda konuşmacı davet edilerek motivasyon ve eğitim fırsatı yaratılır.

Asıl İşimiz İnsan

İnsan beyninin karmaşık yapısı ve çalışma şekli şirket yönetimini zora sokar. İş hayatının yönetim kısmı büyük ölçüde sosyoloji ve psikoloji anlamayı gerektirir. Her şirketin esas işi insandır. Aile şirketinin yürümesini sağlayan en önemli unsur insan kaynağıdır. Aile şirketi büyümeye başlayıp patron yanına çalışan almaya başlayınca yönetim de başlar. Çalışanın yaptığı iş tatmin etmiyorsa bunun nedeni ya yanlış insanın seçilmiş olması ya da sizin o insanı yönetmeyi bilmediğinizdendir.

Aile şirketlerinin bir numaralı sorununun insanlara iş yaptırmak olduğunu yaşayarak görüyoruz. Sadece söylenince yapılmadığı ortada. Öğretmek, eğitmek, motive etmek ve söz hakkı vermek gerekiyor. Eğitime gereken önemi vermediğiniz zaman istediğiniz verimi almak mümkün olmuyor.

Geleneksel patronlarımız elle tutamadıkları şeylere para vermeyi sevmezler. Birkaç basit eğitim programıyla yıl sonu gelirlerinde önemli fark yaratabileceklerinin farkında değiller.

Doğru insan seçimi için bilimsel mülakat tekniklerine ihtiyaç vardır. İşe alımın teknik tarafının dışında şirket kültürüne uygun insan seçilmelidir. Her şirketin bir kültürü mutlaka vardır. Bu kültürü başta patron sonra da çalışanlar belirler.

Sistem İhtiyacı

Hedeflerle yönetim prensipleri insan kaynakları departmanı için bir sistem ortaya koyar. Ancak diğer tüm faaliyetler için de sistemler gerekir. Sistemin olmadığı yerde çalışanlar kafasına göre kurallar koymaya başlar. Yerli yerinde olan bir sistem çalışanlara yol gösteren bir yol haritasıdır.

Genel yönetim sistemi sayesinde şirket kendi kendini denetler hâle gelir. Her birimin kendine özgü bir sistemi olmalıdır. En tepede bir iç denetim, kalite, satış yönetim, AR-GE benzeri sistemler sayesinde her departmanda yürüyen işler denetlenir, üzerinde konuşulur ve ölçülür. Sistem sadece denetlemeye yönelik olmayıp çalışanları geliştirmeye, hataları düzeltmeye ve erken önlemler almaya yönelik olur. Sistemler sayesinde çalışanlar gerçek bir organizasyonun parçası olduklarını hisseder.

Şirketinde işlerin arzu ettiği şekilde yürümesi için önce patronun kendisinin bu sisteme uyması gerekir. Şirketin en tepesindekilerin davranışları taklit edilir. Yönetici ne ise tüm şirket de ona göre şekillenir. Çalışanlara iş yaptırmak için üst yönetimin örnek olması gerekir. İnsanlar ne görüyorsa onu taklit etme eğilimdedir.

Finansal Danışmanlık

Aile şirketlerinin önemli bir bölümünde finans işleri muhasebe yöneticilerinin sorumluluğu altındadır. Oysa finansal mühendislik ve kurumsal finansman ayrı bir uzmanlık işidir. Yatırım bankacısının görev alanına girer.

Kısa vadede işletme sermayesi yönetimi söz konusudur. Nakit yönetimi, banka ve diğer finans kuruluşlarıyla ilişkiler, vergi planlama, nakit yönetimi, ticari alacaklar ve ticaretin finansmanı benzeri konular gündemdedir. Uzun vadede ise yatırım sermayesi yönetilir. Firma değerlendirme, proje finansmanı, sermaye piyasaları, halka arz, yabancı ortaklıklar, yurtdışı piyasalara açılma, şirket satın alma, offshore yapılanma, borç yapılandırma, tahvil benzeri borç araçları ihracı benzeri çok çeşitli enstrümanlar şirketin ihtiyacına göre gündeme getirilir.

İş geliştirme ve şirketi temsil konularında deneyimli bir yatırım bankacısının katkıları çok büyüktür. Yönetim kurulu danışmanı/üyesi unvanı altında yurtiçinde ve yurtdışında seminerlerde, konferanslarda, panellerde konuşmacı vb. roller alarak şirketi etkin bir şekilde temsil edecek deneyimi ve kabiliyeti vardır. Danışman olarak görev aldığım bir şirket bünyesinde iş geliştirme ve globalleşme konularında yönetim kurulu adına çok farklı ülkelerde uzun yıllar projeler yürüterek bu konularda katkıda bulunmaya çalıştım.

YAPAY ZEKÂ İŞİMİZİ VE HAYATIMIZI NASIL ETKİLİYOR?

Günümüzde teknolojik gelişmelerin hayatımızın her alanında yaratmış olduğu değişimin artık farkındayız. İnsan ve teknoloji uyumu ihtiyacının her zamankinden daha fazla ön plana çıktığını görüyoruz. Yapay zekâ (AI), büyük veri (BigData), blokzincir (Blockchain) ve nesnelerin interneti (IoT) benzeri teknolojiler bizleri baş döndürücü bir hızla yeni bir geleceğe hazırlıyor.

Bu gelişmeler iş dünyasında ürün imal etme, hizmet sunma, tanıtım, pazarlama ve satış süreçlerinin yeniden değerlendirilmesi anlamına geliyor. Yapay zekâ, yalnız iş dünyasını değil, günlük yaşantımızı da kökten değiştirmek üzere. Telefonumuzdan bir e-posta ya da mesaj göndermeye kalktığımızda AI devreye giriyor, yazmak istediklerimizi algılıyor ve karşılık veriyor. Yakın gelecekte günlük faaliyetlerimizin çoğu bir şekilde AI içerikli olacak gibi görünüyor.

Yapay zekâ dünyamızı daha iyi bir yer hâline getirmek için bize hayatımızı kolaylaştıracak fırsatlar sunmaya devam ediyor. Madalyonun diğer tarafında ise, istismar edilmesi ve kötüye kullanılmasına yönelik geniş bir boşluğun var olduğunu görüyoruz.

Yapay Zekâ Nedir?

Yapay zekâ (AI) insan benzeri düşünme ve öğrenme yeteneklerine sahip bilgisayar sistemleri ve yazılımlarından oluşuyor. Makinelerin verileri analiz etme, öğrenme, problem çözme, dil anlama ve karar verme gibi işlemleri gerçekleştirmesini sağlıyor. Yapay zekâ, makine öğrenimi, derin öğrenme ve doğal dil işleme gibi alt alanları içeriyor. Sağlık, finans, otomotiv ve oyun başta olmak üzere birçok sektörde kullanılıyor. Yakın zamana kadar yalnızca insanların yapabildiği becerileri makinelerin de aynı şekilde yapmasını sağlıyor. AI makinelere görme, duyma, tatma, koklama, dokunma, konuşma vb. yetenekleri kazandırıyor.

AI bütün bu yeteneklere dünya üzerinde çok fazla erişilebilir bilgi var olması sayesinde sahip. Bize muazzam boyutlardaki verileri depolama ve analiz etme olanağını ise bilişim sektöründeki gelişmeler sağlıyor. Günümüzde aynı anda çok sayıda teknolojik gelişme yaşıyoruz. Büyük veri, robotlar, sanal gerçeklik, 3D baskı, bulut depolama, kuantum bilgisayarlar ve bunun gibi gelişmeler yapay zekâya her türlü bilgi sağlayabilecek kapasiteye sahip.

Yapay zekânın böylesine hızlı gelişmesinin bir nedeni de bilgi işlem gücünde son dönemde yaşanan gelişmeler. Veriler artık bir cihaz yerine bulutta depolanabiliyor. Veriyi artık işlemden geçirmek için merkezi bir sisteme yüklemek gerekmiyor.

İş Yaşamında Yapay Zekâ

Yapay zekâ, şirketlerin işlerini güçlendirmek amacıyla akıllı ürün ve hizmetler yaratmak, sunmak ve bunları gerçekleştirmek için gereken akıllı süreçleri yürütüyor. AI şirketlerin müşterilerini daha iyi tanıması, onlarla sağlam ve kalıcı bağlar kurulması ve müşteri odaklı olunması için yeni yöntemler gösteriyor.

Akıllı ürünler müşterilerin yaşamını kolaylaştırıp, problemlerini çözerek ve can sıkıcı sorunlarına cevap bularak en yüksek faydayı sağlayabiliyor. Akıllı bebek bezleri sayesinde enfeksiyon belirtileri erken tespit edilebiliyor. Akıllı antrenman ayakkabıları kullanan kişinin sağlık durumunu takip edip geri bildirim sunuyor. Sonuçta artan müşteri memnuniyeti, şirketler için gelir artışına dönüşüyor. Akıllı hizmetler sunarak müşteriyle yakınlaşma sağlanıyor. Müşteri alışkanlıkları ve tercihlerini tanıyarak müşterinin ürün ve hizmetleri nasıl kullanmak istediğini öğrenmiş oluyoruz. Kişiye özel ürün ve hizmetler üretebiliyoruz. Eğlence dünyasında yer alan Netflix bir diziyi kaç kişinin izlediğini, beğenip beğenmediğini biliyor ve ona göre içerik üretiyor.

Yapay zekâ destekli iş süreçleri yapılan işin bütün alanlarında uygulanabiliyor. İnsan kaynakları, pazarlama, satış, kalite kontrol, finans ve diğer alanlarda her tür iş fonksiyonu için AI çözüm ve teknolojilerinin artık kullanıldığını görüyoruz.

İşimizi Akıllı Hâle Getirmek

Ürün ve hizmetleri akıllı hâle getirmenin günümüzde artık kaçınılmaz olduğu görülüyor. Akıllı ürünler yaratmak müşterilerinizi daha iyi anlamaya yarıyor. Müşterinizin alışkanlıkları, tercihleri ve ürünü nasıl kullandıklarını görerek ve gerçekte ne istediklerini anlayarak karşılık verme fırsatı yakalıyorsunuz. Ürün ve hizmet üreten her firmanın artık bu konuyu gündeme getirmesi gerekiyor. Geri kalındığında rakiplerinizden geride kalmanız söz konusu. Çalıştığınız sektöre yeni akıllı ürünler giriyorsa, bunları yakından takip etmek zorundasınız.

Diğer taraftan sırf yenilik olsun diye ürün ve hizmetlere yapay zekâ yüklemek gerekmiyor. Hedef, stratejiler ve karşılaştığınız zorluklar dikkate alınarak yapay zekâ ile sağlanabilecek potansiyel çözümleri incelemek gerekli. Yapay zekânın şirketinizin amaçlarına hizmet edeceğini düşünmüyorsanız, maliyetine katlanmaya gerek yok.

E-ticarete ağırlık veren ürün ve hizmetlerde ise kişiselleştirilmiş tercihleri görebilmek için yapay zekâ kullanımı büyük önem arz ediyor. Müşteri sorularına cevap verebilmek için AI destekli sohbet robotları kullanılıyor. "Büyük Veri" teknoloji ve e-ticaret dışında faaliyet gösteren şirketleri de her geçen gün iş modellerini yeniden gözden geçirmeye teşvik ediyor.

Finans Sektörü ve Yapay Zekâ

Yapay zekâ, büyük veri setlerini analiz ederek piyasa trendlerini tahmin ediyor. Algoritmalar geçmiş verilerden öğrenerek daha doğru öngörülerde bulunuyor.

Yapay zekâ, finansal riskleri değerlendirmek ve yönetmek için kullanılmakta. Algoritmalar, potansiyel riskleri belirleyerek daha etkili stratejiler geliştirilmesine yardımcı oluyor.

AI, olağandışı işlemleri tespit edebiliyor. Gerçek zamanlı analiz yaparak dolandırıcılık girişimlerini önceden belirleyerek finansal kayıpları azaltabiliyor.

Chat botlar ve sanal asistanlar, müşteri taleplerini yanıtlamaya ve işlem yapmalarına yardımcı olmak için kullanılıyor ve müşteri memnuniyetini artırıyor.

Robo-danışmanlık hizmetleri, bireysel yatırımcılara otomatik portföy önerileri sunuyor. Yapay zekâ, yatırım stratejilerini optimize ederek fayda sağlıyor.

AI, kredi başvurularını daha hızlı ve daha doğru bir şekilde değerlendirerek finansal kurumların risklerini azaltmasına yardımcı oluyor.

Çalışma Hayatında Dönüşüm

Kendini tekrar eden sıkıcı ve tekdüze işler AI tarafından yapıldıkça, çalışma hayatında önemli dönüşümlere yol açılıyor. Bu yeni çalışma tarzında değişimi başarıyla yönetebilmek için şirketlerin bir yapay zekâ kültürü oluşturmalarına ihtiyaç var. Çalışanlara uygun farklı ve yeni teknik beceri ve yetenekler kazandırılması için yapay zekâ hizmet sağlayıcıların iş ortakları olarak şirket bünyesine katılmasında büyük faydalar olduğu gözleniyor.

Teknik becerilerin yanında kişisel deneyim, yaratıcılık ve empati gerektiren robotik olmayan becerilerin geliştirilmesi çalışan motivasyonunu artıracak diğer dönüşüm adımları olarak ortaya çıkıyor. Otomasyonun mevcut iş gücünü tamamıyla devre dışı bırakmayıp, kişisel düzeyde ilişki gerektiren yeni iş fırsatlarına dönüşmesi ya da işin niteliğinin değişmesi için çabalamak şart.

Çalışanlar artık ömür boyu öğrenmek zorunda kalacaklar. Teknoloji evrimi sürerken becerilerin de sürekli yeni koşullara uyarlanması gerekecek. Gelecekte birçok işyerinde çalışanlar aynı mekânda bulunmak zorunda kalmayacak. Görev ve pozisyonlar daha değişken olacak ve birden fazla rol tanımı söz konusu olabilecek. Şirket bazında veri okuryazarlığı önem kazanıyor. Yapay zekâ sayesinde sağlanan çok sayıdaki veriden işe yarayan anlam ve sonuçlar çıkarıp bunların hayata geçirebilmesi öğrenilmeli.

Etik Kullanım

Bir çoğumuz veri ve AI aracılığıyla hakkımızda ne kadar çok kişisel bilgi toplandığının farkında bile değiliz. AI kullanımı üzerinde neredeyse hiçbir yasal düzenleme henüz yok. İşletmelerin AI ve veri kullanımlarında etik ve şeffaf davranmaları büyük önem taşıyor. Müşteri ve çalışanlar arasında güvene dayalı ilişkilerin kurulması gerekiyor. Her teknolojide olduğu gibi AI iyi ya da kötü amaçlarda kullanılabilir. İş sahipleri ve yöneticiler kötüye kullanım hakkında kapsamlı bilgiye sahip olmak ve gerekli tedbirleri almak zorunda.

Etik davranılmadığı zaman AI kullanımı bireylere, topluma, insan yaşamına ve çevreye zarar verecek potansiyele sahip. Etik bir AI şirketi olabilmek müşteri, kullanıcı ve çalışanlara faydalı değer sunmak anlamına geliyor. Aynı zamanda verinin nasıl kullanıldığı konusunda şeffaf olmak önemli.

OECD sorumlu kullanım ilkeleri arasında AI kullanımının insanların ve gezegenin yararına olması, insan haklarına, demokratik değerlere saygılı olması, şeffaflık, sağlıklı ve güven verici bir şekilde işlemesi ve ilgili kuruluşların sorumlu tutulması var.

Kötüye kullanıma bir örnek AI'nın siber saldırıları kolaylaştırmak ve çoğaltmak amacıyla kullanılması. Güvenlik stratejileri hayata geçirilirken bu tür tehditler karşısında farkındalık yaratmak gerekiyor.

Veriye Nasıl Ulaşacağız?

Veri olmadan yapay zekâ diye bir şey var olması söz konusu değil. Yapay zekânın devasa boyutlarda veriye ihtiyacı var. Ne tür veriye gereksinim duyuluyor, bu veriye nasıl erişilecek ya da nasıl üretilecek sorularına cevap bulunması gerekiyor. Diğer taraftan günümüzde artık tarih boyunca hiç olmadığı kadar fazla veriye ulaşabiliyoruz. Dünyadaki verinin %90'ı her iki yılda bir katlanmakta. Ancak zaman içinde daha az sayıda veriye gerek olacak görünüyor.

AI öğrenme sürecinde yoğun veri kullanırken, ustalaştığı zaman akıl yürütme yetkinliği kazanır ve veri gereksinimi azalır. AI modellerinin insan programcılar eliyle öğrenmek yerine, deneme - yanılma yoluyla kendi kendilerine öğrenmesi de söz konusu.

Veri dendiği zaman aklımıza ilk olarak geleneksel yapılandırılmış veri tabanları geliyor. Ancak günümüzde ses, görüntü, makine, sensor verisi gibi çok sayıda veri seçeneği mevcut. Eğitici veri kümeleri için genelde 10 katı kadar veriye ihtiyaç duyulduğu varsayılıyor.

Veri temin etmek için sahip olduğumuz mevcut verileri derleyebilir, kendimiz veri toplayabilir, herkese açık verilere ulaşabilir, veri satın alabilir ya da yapay veri oluşturabiliriz.

Sonrasında yanlış, hasarlı ya da bozuk veriyi ayıklamak, eksik veriyi belirlemek, başka bir deyişle derleyip toparlamak gerekiyor. Analitik sistem üzerinden veriyi etiketlemek, doğru formata çevirmek ve standart hâle getirmek bir sonraki adımlar. Verinin korunması, güncel tutulması ve yeni veri kümeleri arayışının sürmesi sürdürülebilirlik için gerekli.

Geleceğe Bakış

Yapay zekânın henüz başında olduğumuz bir dönemdeyiz. Diğer taraftan baş döndürücü bir hızla teknoloji alanında değişimler yaşıyoruz. Bu iki kavram, inovasyon alanında patlama yaratmış durumda. Yapay zekânın yakın gelecekte yaşamımızı her açıdan nasıl etkileyeceğini tahmin bile edemiyoruz, hep birlikte yaşayarak göreceğiz. İnternet ve mobil cihazlara nasıl alıştıysak zamanla yapay zekâya da alışacağız gibi görünüyor.

Geleceğe baktığımızda yapay zekânın yaşantımızı ve dünyamızı olumlu yönde dönüştürmesini umuyoruz. Bunun tersi ise yapay zekânın ürkütücü ve insanlığa zarar verecek şekilde kullanılması. Teknolojinin istismar edilmesi gerçeği var. Salt daha çok satış yapıp, daha çok kazanmak isteyen iş sahiplerinin var olduğunu görüyoruz. Diğer taraftan, müşterilere ürün ve hizmet satmanın ötesinde, onların hayatına değer katmak, problemlerini çözmek, çalışanlarının iş yaşamını iyileştirmek gibi insani değerlere sahip çıkan işletmeleri de görüyoruz.

İş dünyasının yanında, politikacıların ve yetkililerin nasıl bir yol izleyecekleri önem kazanıyor. Hükümetlerin hizmet etmekle sorumlu olduğu vatandaşlarının yaşamlarını iyileştirmek mi, yoksa onları kontrol altında tutmak için mi yapay zekâ kullanacakları önem kazanacak.

Aklımıza bu aşamada Çin'deki yüz tanıma sistemleri ve bireylere uygulanan puan sistemi geliyor.

Toplanan verinin niteliği, nasıl kullanılacağı, tek yanlı olup olmadığı ve şeffaf olmasına her zaman dikkat gösterip ona göre adım atmamız gerekiyor.

HUKUK VE EKONOMİ İLİŞKİSİ REFAH VE KALKINMAYA ETKİLERİ?

Hukuk bilim dalı, ekonomik yaşamı çeşitli düzenleme ve sözleşmelerle yönlendirir, düzenler ve denetler. Devletin vergi, fiyat denetimi, para ve maliye politikaları, rekabet kanunu benzeri emir ve yasakları yoluyla üretim ve tüketim üzerinde etkinliğini sağlar.

Hukuk ekonomisi ise hukuk ve ekonomi arasındaki etkileşimleri inceler. Hukuki kuralların ve düzenlemelerin ekonomik sonuçlarını analiz etmeyi hedefler. Hukuk ekonomisi, hukukun ekonomik verimlilik, kaynak dağılımı ve bireylerin davranışları üzerindeki etkilerini değerlendirmek için ekonomi teorileri ve yöntemlerini kullanır.

Çevre koruma yasalarının ekonomik maliyetlerini ve faydalarını değerlendirmek veya iş hukuku düzenlemelerinin işverenler çalışanlar üzerindeki etkilerini analiz etmek ve benzeri katkılar sunar.

Neoliberal ekonominin bireyin davranış biçiminin maksimum fayda sağlamak olduğu görüşü günümüzde geçerliliğini koruyor. Bu görüşe göre serbest piyasa ortamında maksimum fayda sağlanması için fiyat istikrarı ve ekonomik büyüme gerekir. Ekonomik büyüme sürecinde refah ve zenginliğin topluma eşit olarak dağıtılabilmesi için ise hukuk kuralları önem kazanır.

Hukuk, piyasaların düzen içinde işlemesini sağlamaya çalışırken, bunun tersi de söz konusu olabiliyor. Kanunlar karşısında herkesin eşit olması ve hukukun siyasileştirilmemesi gerekiyor. Bağımsız bir yargının olmadığı ekonomilerde, toplumsal düzen ve gelir dağılımının bozulduğu görülüyor. Kanunlara aykırı bir eylem, ihlal eden kişiye fayda sağlarken, topluma zarar veriyor. İhlaller arttıkça milli gelir düşüyor ve düzen bozuluyor. İnsan hakları ve ifade özgürlüğünün eksik olduğu, verilerin şeffaflığı hakkında şüphelerin olduğu ekonomilerde beklentilerin olumsuz olmasının yatırımları ve kalkınmayı olumsuz etkilediği görülüyor.

Hukuki Görüş

Bankacılık kariyerimin başlangıç yeri olan Citibank'ta göreve başladığımda bana hisse senedi departmanı kurma görevi verildi. Hisse senedi alım satım işlemleri ve borsa üyeliği için gerekli altyapıyı oluşturmam gerekiyordu. İlk iş olarak, mevcut yasaların bu projeye yansımasını öğrenmem için hukuki görüş almam istendi. İki farklı avukatlık bürosundan mevzuata göre neler yapılmasını öneren mütalaalar aldık. Daha sonra onlarla gerekli sözleşme ve iç yönergeleri hazırladık. Borsanın kuruluş yıllarındaydık ve borsa aracı kurumlarının hiçbirinde böyle bir alışkanlık yoktu. Global çapta faaliyet gösteren bir finans kuruluşunun bu uygulaması zaman içinde finans sektöründeki iş yapış biçimine örnek oldu.

Citibank çalışanları transfer oldukları her kuruluşta yeni ürünlere ve projelere başlamadan önce hukuki görüş alınması geleneğini sürdürdü.

Finans ekosistemi sıkı düzenlemelere tabidir. Hukuki görüşler, finans sektöründeki işlemlerin, sözleşmelerin ve düzenlemelerin doğru bir şekilde uygulanmasını sağlamak açısından kritik bir rol oynar. Özellikle bankacılık, sigortacılık ve sermaye piyasaları gibi alanlarda, hukuki görüşler yeni ürünlerin uygulanması sürecinde risk yönetimi için önemli bir rehber görevi üstlenir.

Hukuk Ekonomisinin Gelişimi

Hukuk ekonomisi teriminin kullanılmasının küreselleşmenin etkisiyle ortaya çıkmaya başladığı görülüyor. Hukukun klasik sınıflandırması içinde ise bu terim kendine henüz yer bulmuş değil. Farklı bir görüş ise, bu şekilde ayrı bir hukuk dalının var olmadığı, ekonomik faaliyetler çerçevesinde oluşan düzenlemeler olduğu şeklinde.

Mikro ekonominin hukuk analizine uygulanması 1960'lı yılların başında Chicago Ekonomi Okulu'nu oluşturan Aaron Director, George Stigler, Ronald Coase ve ekibinin çalışmalarıyla ortaya çıktı. ABD ekonomisine artan hükümet müdahalesi, dönemin iktisatçılarını regülasyonun etkilerini modellerle ölçmeye sevk etti. Stigler'in hipotezi regülasyonun tüketicilerden ziyade siyasette etkili grupları güvence altına alacağı şeklindeydi. Daha yakın tarihlerde, Avrupa'daki iktisatçılar bu alanlarda ekonometrik ve istatistik çalışmalara yer verdi. Ampirik analizlerini vaka çalışmalarına ve saha araştırmalarına doğru genişlettiler.

Ronald Coase hukukun ekonomik faaliyetler üzerindeki etkisinde işlem maliyetlerinin önemli rolünü vurgular. İşlem maliyetleri bilgi edinme, pazarlık, mülkiyet hakları, sözleşmelerin uygulanması benzeri işlemlerle birlikte ortaya çıkar. İşlem maliyetlerinin yüksek olması durumunda, hukukun ekonomi üzerinde yüksek etkiye sahip olacağını ispatlamaya çalışır.

Yasalar Ekonomiyi Nasıl Etkiliyor?

- Mülkiyet haklarının güvence altına alınması, yatırımları artırarak ekonomik büyüme sağlar.
- Sözleşmeler, taraflar arasındaki anlaşmalara yasal destek vererek ticari ilişkilerde güven sağlar.
- Tüketicinin korunması, piyasada güven ortamı yaratır ve tüketici talebini artırır.
- İş Hukuku, çalışanların haklarını koruyarak üretim tarafında performansı ve verimliliği artırır.
- Doğru planlanmış vergi yasaları, gelir dağılımını dengeleyerek refah ve büyümeyi destekler.
- Uluslararası ticaret hukuku, ülkeler arası ticareti kolaylaştırarak talebi artırır.
- Finans sektöründeki düzenlemeler, finans kuruluşlarının risklerini denetler, krizleri önler.
- Yatırım teşvikleri, iş insanlarının teknoloji benzeri kritik alanlara yatırım yapmasını özendirir.
- Çevre düzenlemeleri, doğal kaynakların korunarak gelecek nesillere aktarılmasına destek olur.
- Ticaret kanunu iş hayatının işleyişini düzenler, adil rekabet için altyapı oluşturur.
- Rekabet hukuku, rekabetin korunmasını ve ekonomik aktörlerin davranışlarını düzenler.

- Gümrük tarifeleri, ithalat kotaları ve ihracat teşvikleri gibi düzenlemeler, yerli üretimi koruyabilir ya da küresel ticareti artırabilir.
- Serbest ticaret anlaşmaları, ülkeler arasında mal ve hizmetlerin serbestçe akışını teşvik ederken korumacılık yasaları iç üreticiyi destekler.

Ekonomik Büyüme ve Kalkınma

Yüksek kişi başına gelir düzeyine ulaşmış, gelişmiş ekonomilere sahip ülkelerin ortak yönleri arasında yöneten ve yönetilenlerin kanunlara eşit derecede uymaya özen göstermesi göze çarpıyor. Bu ülkelerde kurumlar karşısında herkesin eşit olmasına azami dikkat gösteriliyor. Siyasi güç ya da ahbap çavuş uygulamalarına izin verilmeyerek aynı zamanda gelir dağılımında fırsat eşitliği yaratılmış oluyor.

Ekonomik büyüme ve buna bağlı olarak bireylerin refah düzeyini artırmak için makro ekonomik istikrarın sağlanması ayrı öneme sahip. Yüksek enflasyon, kamu kesimi açığı ve finansal çalkantılar benzeri sorunlarla boğuşan ülkelerde ise ekonomik büyümenin yerinde saydığı görülüyor.

Ekonomik kalkınma sorunu yaşayan ülkelerde, bağımsız ve tarafsız yargının eksikliği ve hukukun siyasete alet edilmesi güven ortamını yok ediyor. Gelecekle ilgili olumsuz beklentiler oluşuyor. Sonuç olarak yatırımlar erteleniyor, tasarruflar ve nitelikli işgücü yurtdışına kaçıyor ve yabancı sermaye girişleri duruyor.

Yöneten ve yönetilenler kanuna uymadığı sürece, o ülkenin kalkınması ve bireylerin refahının artması mümkün görünmüyor. Hukuk ekosistemi olmayan ekonomilerde toplumsal düzen ve gelir dağılımında adalet sağlanamıyor.

Kanunlara Uymamanın Maliyeti

Kanunlara uymamanın iktisadi maliyeti (alternatif maliyeti) söz konusu. Her bireysel ihlalin ihlal eden kişi için kazancı, toplum için ise zararı var. İhlaller milli geliri düşürüp, refahı ve büyümeyi olumsuz etkiliyor. Diğer tarafta toplumsal düzene uyumlu davranan bireyler toplumun refahına katkıda bulunarak zenginliği artırırken, aynı zamanda kendileri de bundan nemalanarak pay alıyor.

Toplumsal üretime katkıda bulunmayan bireyler ise kendileri üretmek yerine başkalarının haklarına el koyup çalmış olabiliyor. Liyakat bu konudaki en tipik örnek olarak öne çıkıyor. Liyakat, iş yaşamında, kamu hizmetlerinde ve eğitim gibi birçok alanda önemli rol oynar. Bireylerin başarılarını ve terfilerini, sadece tanıdıklara veya kayırmacılığa dayalı olarak değil, gerçekten sahip oldukları yeteneklere göre belirlemek için bir ölçüt olarak kabul edilir. Liyakat kavramına önem verilmeyen "adam kayırmacı" işe alımların ve görev dağılımlarının her biri, birer bireysel ihlal olarak toplumsal refaha ve ekonomik kalkınmaya maliyet yüklüyor.

Hukuk, toplumda düzenin sağlanmasına yönelik bir araç. Ahlaki değerler ise bireylerin bu düzeni içselleştirmelerine ve buna uyum sağlamalarına yardım ediyor. Ahlaki değerlerin zayıflaması, hukukun etkisinin azaltılması anlamına geliyor. Hukuk, kurallara uyulmadığında çeşitli yaptırımlar uygular. Ahlak ise bireylerin vicdanları aracılığıyla yönlendirilir. Ahlaki bir yanlış, hukuken bir ceza gerektirmese de bireyler ve toplum üzerinde olumsuz etkiye sahip.

Temel Hak ve Özgürlükler

Avrupa Birliği Komisyonu, yayınladığı son raporda Türkiye'nin birliğe katılım müzakerelerinin 2018'den bu yana durma noktasında olduğuna işaret ederek, yargı bağımsızlığı da dâhil olmak üzere, temel haklar ve hukukun üstünlüğü alanlarında ciddi endişelerin sürdüğünü dile getirdi (30 Ekim 2024).

Temel hak ve özgürlükler, özellikle mülkiyet hakları, yatırımcı güvenini artırarak güvenli bir yatırım ortamı ve daha fazla yerli ve yabancı yatırımı teşvik eder. Özgürlükler, bireylerin kendi işlerini kurma ve yenilik yapma isteğini artırır.

Eğitim ve ifade özgürlüğü bireylerin yeteneklerini geliştirmelerine ve yenilikçi fikirler üretmelerine olanak tanıyor. İnovasyon ekonomik büyümeye, özellikle teknoloji alanında yeni buluşların ortaya çıkmasına zemin hazırlıyor.

Temel hak ve özgürlüklere, ekonomik değişkenler üzerinden bakıldığında çok daha fazla farkındalık yarattığını görüyoruz. İnsan davranışlarını inceleyen iktisat biliminin her dalı ifade özgürlüğü, insan hakları ve demokrasiye son derece duyarlı.

Kapsayıcı ve Sömürücü Kurumlar

Daron Acemoğlu'na göre, ülkelerin zengin veya yoksul olmasını belirleyen en önemli faktörlerden biri, bu ülkelerdeki kurumların doğasıdır. Acemoğlu, kurumları "kapsayıcı" ve "sömürücü" (veya dışlayıcı) olarak ikiye ayırır.

Kapsayıcı kurumlar bireylerin ekonomik fırsatlara eşit erişimini sağlar, mülkiyet haklarını güvence altına alır, serbest piyasa koşullarını destekler ve herkesin hukukun üstünlüğü ilkesi altında yaşamasını sağlar. Acemoğlu'na göre, kapsayıcı kurumlar bireylerin potansiyellerini en iyi şekilde gerçekleştirmelerine olanak tanır ve yenilikçiliği teşvik eder. Böylece ekonomik büyüme ve refah artışı sağlanmış olur.

Sömürücü/dışlayıcı kurumlar ise ekonomik ve politik gücü belirli bir elit kesimin elinde toplar. Halkın büyük bir kısmını ekonomik fırsatlardan mahrum bırakır ve onları düşük yaşam koşullarına mahkûm eder. Dışlayıcı kurumlar kaynakları küçük bir azınlığın çıkarlarına hizmet edecek şekilde kullanır.

Acemoğlu ve Robinson, kurumların bu niteliklerinin, tarihsel süreçler ve coğrafi konumdan ziyade, tarihsel olaylar ve toplumların bu olaylar karşısındaki tepkileriyle şekillendiğini savunur. Bu yüzden, bir ülkenin gelişmişlik düzeyi, coğrafyasından ziyade kurumlarının kapsayıcı veya sömürücü yapıda olmasına bağlıdır.

Genel anlamda hukuk, günlük yaşantımızı ve ekonomik faaliyetleri düzenleyerek kişisel hak ve özgürlüklerimizi koruyor. İş hayatının işleyişini ve mülkiyet haklarını teminat altına alarak ekonomik faaliyetlerin bir düzen içerisinde yürümesine destek veriyor. Yöneten ve yönetilenlerin herhangi bir ayırım gözetmeden kanun hakimiyetine inanması ve kanunlar karşısında eşit muamele görmesi hukuk devletinin temelini oluşturuyor.

STARTUP NASIL HAYATA GEÇER? NASIL BAŞARILI OLUNUR?

Startup yenilikçi bir fikir veya ürünle hızlı bir şekilde büyümeyi hedefleyen, genellikle teknoloji odaklı, küçük ve dinamik bir şirkettir. Başlangıç aşamasında olan bir startup, sınırlı kaynaklara ve yüksek risklere rağmen yenilikçi çözümler sunarak hızla büyümeyi hedefler. Startuplar genellikle yüksek belirsizlik içeren bir ortamda çalışır ve geleneksel iş modellerinden farklı olarak esnek, hızlı karar alabilen ve deneysel bir yapıya sahiptir.

Yeni bir işe başlarken net bir fikir sahibi olmak yeterli değildir. Bu işin yürümesini ve sağlam durmasını sağlayacak temel konuları ele alabilmek için işin temelinde planlama yapmaya gerek vardır. Planlama süreci bize tüm bileşenleri düşünmeye ve hazırlıklı olmaya zorlar. Pek çok yeni girişimin kötü bir fikirden ziyade, kötü yönetildikleri için başarısız olduğunu görüyoruz. İstikrarlı ve başarılı hizmet sunmak, harika bir fikirle ortaya çıkmaktan çok daha önemli.

Kuruluş

Hazırlık: Öncelikle kendinize inanmak, düşünmek ve dinlemek için zaman ayırmalıyız. Girişimci olmak düşüncesine sahip olmadan önce, çalışma hayatımızın önemli bir kısmını, büyük ihtimalle, herkese ne yapacağı söylenen, hantal bir şirkette stres altında çalışarak geçirdik. Bize başkalarının delege ettikleri işleri yapmamız, sunacak bir şeyimizin olmadığı, dahası bizi hiç ilgilendirmeyen toplantılarda zaman harcadık.

Oysa girişimcilik ruhu kazanmak için bu hantal yapının sınırları dışına çıkmamız, temiz bir hava almamız ve düşünce yapımızı değiştirmemiz gerekiyor. Hazırlanırken hepimizin hayatında deneyimlerinden istifade edeceğimiz kişiler vardır. Tekerleği yeniden keşfetmemiz gerekmez. Startup kurmanın tüm aşamalarından geçmiş, sorunların özüne inmede özel yetenekleri olan kişileri ve yapıları aktif olarak dinlemeliyiz.

Ancak, söylemek yapmaktan kolaydır. Sadece bize söylenenlerle ilerleyemeyiz. Girişimci olma heyecanımızı tetikleyen, bize ilham veren konular üzerinde çalışmayı sürdürmemiz gerekir. Kendi işimizi kurmak için daha fazla uğraşmaya başladıkça, bizi nelerin motive edeceğini keşfetmiş oluruz.

Her şeyden önce bir fikre ihtiyacımız vardır. Diğerlerine satabileceğimiz, inandığımız iyi bir fikir bulmalıyız. Bunun için bildiğimiz şeye, kendi becerilerimize odaklanmalıyız. Önümüze bir kâğıt kalem alıp, kuvvetli ve zayıf yönlerimizi yazmaya başlamamız gerekir. Güçlü yönlerimizi ortaya çıkardığımız, sınırlarımızın ve tutkularımızın ne olduğunu öğrendiğimiz zaman ihtiyaç duyduğumuz fikir kendiliğinden oluşacaktır. Teknoloji konusunda bir yeteneğiniz yoksa, neden bir teknoloji startup'ı kurmak isteyelim?

İletişim ağımızı güçlendirmek için hakkımızda bilgi sahibi olan insanlarla, daha sonra ise, hayata geçirmeyi düşündüğümüz fikir hakkında deneyimli kişilerle iletişime geçmeliyiz. LinkedIn ortamı bu açıdan epeyi faydalı olacaktır. Tartışma gruplarına katılmak gerekir. Medya, fon sağlayıcılar, girişimcileri destekleyen ve fikirlerimizi test edeceğimiz ortamları kullanmaya başlamalıyız.

Önemsiz, ancak para kazandıran bir iş yerine, belli bir değere ve misyona hizmet edecek, hayatımıza bir anlam kazandıracak iş kurabilmek; diğer insanların, yararlı, ilginç ve eğlenceli bulacağı şeyler yaratmak, mutlu olmalarını sağlamak, sorunlarına çözüm bulmak için girişimcilik yapmak en önemli motivasyondur.

Planlama: İş planı hazırlamadan önce kimin için olduğuna karar vermeliyiz. Yatırımcı bulmak için kullanılacak bir planda, yazdığımız her rakam ve açıklamada bu amacın yansıtılması gerekir. Banka ve diğer paydaşlar için hazırlanan bir planın ise kapsamlı, güven verici ve iyi sunulmuş olması önemlidir.

Yönetici özeti beş ya da altı önemli konuyu içerecek şekilde kısa tutulmalıdır. Örnek olarak "Çok büyük ve ölçülebilir bir pazar fırsatı var", "araştırmalar hedef pazarda boşluk olduğunu gösteriyor" vb. Yönetici özetine en fazla beş yıl içinde bir çıkış planı olduğu açıklaması dâhil edilmelidir.

Satış teklifi için profesyonel bir metin yazarından yardım alınmalıdır. Plan kısmındaki en önemli 25 kelime buradadır.

Fırsatlar kısmında süreçleri örnekleriyle açıklamalıyız. Maliyetler, rakipler, büyüme süreci, pazara giriş için ihtiyacımız olan insanlar, pazarlama, lojistik faaliyetleri için gerekli sermaye vb. bilgilere bu kısımda yer verilir.

Pazar analizi, neden bahsettiğimizi gerçekten bildiğimizi gösterir. Pazarın büyüklüğü, trendler, başlıca rakipler, tüketici araştırmaları, ilgili haber ve yorumlar, beklenen değişim, ürün ya da hizmetimizin neden tercih edileceği, lansman koşulları vb. alt başlıkları içerir.

Yönetim ekibi hakkında çarpıcı bilgilere yer verilmelidir. Fon sağlayıcılar bizim deneyimlerimiz, becerilerimiz ve yeterliliklerimiz hakkında bilgi sahibi olmak isteyecektir. Bu maceraya neden atıldığınızı ayrıca belirtmeniz gerekir.

Ekip üyeleri Güçlü yönleri, görev dağılımı ve sorumluluklarıyla birlikte tanıtılır. Teknik bilgi, pazarlama, yönetim vb. kilit alanlarda uzman kişilerle çalıştığınız ispatlanır.

Finansman modeli yapılacak işi tam olarak anladığımızı ve konuya vakıf olduğumuzu gösterir. Çok fazla sayı üretmeden bu işe ne kadar para koyuyoruz? Paraya ne için ihtiyacımız var? Abonelik, satış, reklam gibi gelir modelleri arasından uygun olanını seçeriz. Hedef finansman kaynakları, hibe ve teşvik programları hakkında bilgi verilir. Detaylı tablo ve rakamlar iş planının ekler bölümüne konur.

Marka kimliği oluşturulur. Startup'ın logosu, renkleri ve imajı güçlü ve akılda kalıcı olmalıdır.

Dijital pazarlama stratejisi belirlenir. Sosyal medya, içerik pazarlama, SEO, e-posta gibi dijital kanalların nasıl kullanılacağı açıklanır.

Başlarken

Ses getirmek: İşin başında hikâyemiz henüz yeniyken ses getirmek daha kolaydır. Satacak ürünlere değil, anlatacak hikâyelere odaklanmalıdır. Web sitenizin üzerinden, radyo programlarına katılarak, güvenilir bir makalede yer alarak, açılışınızın haber değerini en etkili şekilde kullanmaya çalışın.

Geribildirim: Ürün ya da hizmetinizin insanlar tarafından denenmesi ve geri bildirim alınması gerekir. Deneyen insanların yorum yapması ve başkalarına tavsiye etmesi sağlanmalıdır.

Çalışabileceğiniz bir yer: Ortak çalışma alanlarından faydalanın. Belli bir adresinizin olduğu düzgün bir işletme görüntüsü vermek size olan güveni artıracaktır.

Doğru finansman ortağını seçmek: İşin kapsamı kendi kendini finanse etmeye uygun olabilir. Halkla ilişkiler veya pazarlama hizmetleri sunan bir işletmenin ihtiyaçları küçük başlangıç fonlarıyla karşılanabilir. Ar-Ge ve sermaye yatırımı gerektiren bir işletmede ise durum farklıdır. Asıl mesele para bulmaktan ziyade doğru ortağı seçmektir. Sunulan şartlar ne olursa olsun, saygı duymadığımız, güvenmediğimiz ve sevmediğimiz kişilerden asla borç alamayız. Sizin için en doğru yatırımı finans geçmişi güçlü, deneyimli bir yatırım bankacısı sağlayacaktır.

Doğru uzman ve danışmanlar: Gerekli parayı ve zamanı ayırarak düzgün sözleşmeler yapmak için avukatlık hizmetlerinden faydalanmak çok önemlidir. Önlenebilecek yasal işlemlerle karşı karşıya kalmamak için bu adım şarttır. Mali müşavirimizin bizi koruduğuna inanmalı, gereğinden fazla vergi ödemediğimizden emin olmalıyız. Deneyimli bir mali danışman bize bir nakit enjeksiyonunun ne zaman büyük fark yaratacağını söyleyecek olan kişidir. Pazarlama/PR hizmetlerini yarı emekli, mütevazi ücretler talep eden yetenekli kişilerden almak faydalıdır. Deneyimli ve moralimizi yükseltecek bir mentor üretkenliğimizi artıracak en doğru kişidir. 7/24 ulaşabileceğiniz bir IT uzmanı herhangi teknik bir sorun karşısında kafamızı rahatlatacak bir iş ortağıdır.

Düşük maliyetli araştırmalar: İçinde bulunduğunuz pazara yakın olmak, ofis dışına çıkıp, potansiyel alıcıları dinlemek ve pazarın nabzını yoklamak gerekir. Bilgisayar ya da telefon karşısında takılıp kalmamak için gayret edilmelidir. Kantitatif araştırmalar yapan şirketlerin ücretlerini karşılamaya gücümüz yetmeyeceği için arkadaş gruplarını bir araya getirebiliriz. Piyasada neler olup bittiğini görebilmek için marketlerde ve alışveriş merkezlerinde dolaşarak, raflardaki farklı ve yeni ürünleri görebiliriz.

Çalışanlar: Maliyetlerin yarısını genelde çalışanlar oluşturur. Çalışanların kendilerini önemli hissetmeye ihtiyaçları vardır. Onları eğitmek ve motive etmek için yapılan harcamalar boşa gitmez. Performans değerleme sistemlerini kullanarak her altı ayda bir karşılıklı konuşarak, hedeflerinin gözden geçirilmesi ve yazıya dökülmesi gerekir.

Satışlar: Güncel durum tespit edilir, geleceğe dönük satış tahminleri yapılarak bu veriler her ay gözden geçirilir. Satış personelinizin sayısı, pazarın ve rekabetin durumu, mevcut kapasite vb. gözden geçirilir.

Kâr marjı: Fiyatlandırma, işletmenin gelir akışını koruyacak seviyede yapılmalı, maliyet düşürmek uğruna ürün kalitesini bozmak son derece yanlış olabilir. Marj aşınıyorsa rekabetçi piyasa bağlamında ürün veya hizmet fiyatı gözden geçirilmelidir.

İtibar: Yaptıklarımız, söylediklerimiz ve verdiğimiz sözlerde bize ne kadar güvenileceği itibarımızdır. Güvenilmek çok değerli bir servettir. İtibar oluşturmak yıllar alırken, kaybetmek için 5 dakika yeterlidir.

Kilit Noktalar

Startup kurmak için temel adımların başında fikir geliştirmek ve pazar araştırması gelir. Çözmek istediğiniz bir sorunu bulun. İnsanların hayatını iyileştiren, ihtiyaçlarını karşılayan çözümü sunun. Fikrinizi pazardaki trendler açısından değerlendirin. Nasıl fark yaratacağınızı analiz edin.

İş planı ve strateji geliştirin. Hazır iş modellerinden istifade edilebilir. (business model canvas).

Basit bir prototip yaratmak ve piyasaya sunmak faydalı olabilir. Erken aşamada geri bildirim sağlar ve ürünü iyileştirmenize yardımcı olur.

Doğru yeteneklere sahip ekip üyeleri seçin. Rolleri belirleyin, sorumlulukları paylaştırın. Teknik bilgi, pazarlama, finans, hukuk ve yönetim gibi alanlarda uzman kişilere ihtiyacınız vardır.

Finansman bulmak için ve gelen sermayeyi yönetmek için destek alın. Yönetim kurulu danışmanı olarak deneyimli yatırım bankacılarını ekibe katın.

Veriye dayalı kararlar alın. Performansınızı aylık olarak takip ederek gerekli stratejik kararların ve tedbirlerin zamanında alınmasını sağlayın.

DAVRANIŞLARIMIZ YATIRIM FONU SEÇİMİMİZİ NASIL ETKİLİYOR?

Robert Schiller 1987 yılındaki çöküşün arkasından insanların kafalarındaki düşünceyi anlamak için bir anket yaptı. Bu sayede davranışsal finans konusundaki çalışmalar başlamış oldu. Günümüzde artık yatırım kararlarında psikolojik ve sosyal faktörlerin önemli olduğu konusu üzerinde çok sayıda araştırma mevcuttur.

Ekonomi biliminin sırf matematik, istatistik ve karmaşık formüllerden ibaret olmadığı hakkında önemli görüşler var. Ekonomik formüller, modeller ve tahminler arasında insanı unutmak kolay geliyor.

Finansal piyasalar ve ekonomiler insan duygularının oluşturduğu inanç ve davranışlardan önemli ölçüde etkileniyor.

Bu yazıda psikolojik ve sosyal faktörlerin yatırım fonu tercihlerimiz üzerindeki etkilerini özetlemeye çalıştım. Öncelikle, hangi yatırımcı profilini inceleyeceğimiz konusuna açıklık getirmemiz gerekiyor. Her zamanki gibi, konumuz spekülatörleri değil, hane halkından oluşan bireysel yatırımcıları ilgilendiriyor. Hedefimiz, günlük piyasa hareketlerinden etkilenmeyen, kendilerine banka mevduatına alternatif arayan, uzun vadeli bakış açısına sahip bireysel yatırımcının davranışlarına açıklık getirmek.

Yatırım Fonları Evreni

Aktif olarak yönetilen fonlarda, fon yöneticileri fonun performansını piyasa performansının üzerine çıkarabilmek amacıyla, menkul kıymet seçip, bunları sürekli alım satıma konu ederler. Genel amaç piyasayı yenmektir. Aktif yönetim daha yüksek maliyetler ve riskler içerir. Aktif fonların başarısının yönetim stratejilerinden çok, piyasa koşullarına bağlı olduğu görülüyor. Fon yöneticisinin piyasa ve ekonomi analizi, hisse senedi seçimi ve zamanlama yetenekleri ön plana çıkıyor.

Endeks fonu belirli bir piyasa endeksiyle eşleşen ve bu endeksin getirisini taklit eden yatırım fonu türüdür. Piyasayı yenmek gibi bir agresif stratejisi yoktur. Gelişmiş piyasalarda endeks fonlarının son yıllarda aktif fonlara göre çok daha fazla talep gördüğünü gözlüyoruz. Düşük maliyetli endeks fonlarının üstünlükleri ilk olarak 1970'li yıllarda Charles Ellis ve William Sharpe tarafından ortaya atıldı.

Çevresel, Sosyal ve Kurumsal Yönetişim (ESG) yatırımları varlık yönetimi sektörünün çehresini değiştirmeye başlamış durumda. Yaşantımıza yeni kriterler, tanımlar ve fonlar dâhil olmuştur.

Sürdürülebilirlik ve etki fonları ihraç edilmeye başlanmıştır. ESG kavramının yalnızca bir pazarlama taktiği olup olmadığını ise zaman gösterecektir.

Portföy Yönetim Şirketi

Portföy yönetim şirketi (PYŞ) ile yatırımcı arasında çıkar çatışmaları söz konusudur. Friedman'ın 1970 yılındaki değer maksimizasyonu söylemine göre, herhangi bir şirket ve ortaklarının yükümlülükleri yatırılan sermayeye maksimum kâr sağlamaktır (PYŞ). Fon müşterisi ise fona yaptığı yatırım karşılığında mümkün olan en yüksek getiri beklentisi içindedir (yatırımcı). Ancak bu iki hedef arasında uyumsuzluklar mevcuttur.

Fon belli bir büyüklüğe ulaştığı zaman yönetilmesi zorlaşır, büyük meblağların likide edilmesi sığ piyasalarda mümkün olmayabilir. Yatırım fonu büyüdükçe yatırım yapılabilir fırsatlar ve esneklik azalır. PYŞ ise yönetilen paranın tutarı arttıkça daha çok komisyon geliri elde eder. Yatırımcı para kazanmayıp kaybetse bile PYŞ komisyon geliri elde eder. Varlık yönetim sektörü alınan kötü sonuçlardan yalnızca performans riskini artırır. Fon yöneticisinin de şöhreti zedelenebilir. Ancak tahsil edilen fon yönetim ücretleri alınan sonuçlara göre değişmez. Zaman ufukları da başka bir çatışma alanıdır. PYŞ CEO'sunun görev süresi bir yatırımcının on yılları aşabilen zaman ufkundan daha kısadır.

Sektörde çok fazla sayıda fon mevcuttur. Ancak yetenek düzeyleri farklı fiyatlanmaz. Düşük kaliteli fonlar ile başarılı fonların yönetim ücretleri arasında fark yoktur. Homojen fiyatlama sonucu yatırımcılar gerçek kalite konusunda seçim yapmakta zorlanır.

Önyargılarımız

Yatırım dünyası karşısında önyargılarımız önemli bir role sahip. Bunların başında kayıptan kaçınmanın geldiğini söyleyebiliriz. Kayıptan kaçınma olası bir zarar nedeniyle yaşayacağımız acıyı tarif eder. Elimizde bulunanı koruma eğilimi başka bir önyargıdır.

Önyargı ve inançlarımız yanlış yatırım kararları almamıza ve uzun vadeli sonuçları ihmal etmemize neden olabilir.

Sürü psikolojisi piyasanın çoğunluğunun davranışlarından etkilenip aynı yönde hareket etme eğilimidir. Piyasalarda yaşanan bir panik yatırımlarımızı yok pahasına satmak için bizi zorlayabilir. Yatırım ufkumuz kısadır ve yalnızca güncel bilgileri dikkate alırız. Yaşadığımız panik panik, korku ve endişe sonucu ortaya çıkar ve bizi bu endişeyi gidermeye zorlar. Güçlü duygularımız tetiklendiğinde, karşılaştığımız riskin geçekleşme olasılığına değil, yaratabileceği en kötü senaryolara odaklanırız.

Tam olarak anlamadığımız konulara inanma eğilimi bizi karmaşık yapılı fonlara yatırım yapmaya zorlar. Bu tür bir yatırım analitik yeteneklerimiz yerine inançlarımızla ilgilidir. Karmaşık bir fonun nasıl para kazanacağını bilemeyiz, yalnızca inanırız.

Yatırım öyküleri geçmişi anlatır. Çoğu zaman geleceğin tahmini olarak algılayıp bu öykülere göre yatırım yaparız.

Performans Takıntısı

Geçmiş performanslara bakarak yatırım yapmak en popüler yatırım kararlarından biridir. Performansın gelecekte de süreceğine inancımız vardır. Bu davranış tarzı bizim psikolojik olarak rahatlamamızı sağlar. Aksini düşündüğümüzde, geleneksel düşünceye ve geçmişin rakamlarına karşı çıkmış olur ve zorlanırız.

Kısa vadeli karar verme eğilimi bizi fon performanslarını takıntılı bir şekilde her gün izlemeye ve alım satım yapmaya teşvik eder. Fon değerlerine daha seyrek aralıklarla baktığımız zaman kısa vadeli oynaklıkları görmemiş oluruz. Bu davranış günlük fiyat değişiklikleri karşısında duygusal tepkimizi önlememize yarayacaktır.

Fon yatırımcılarının en zarar veren davranışlarından birisi düşük performanslı fonlardan yüksek performanslı fonlara geçiş yapmaktır. Kısa vadede kendimizi iyi hissetmemizi sağlasa da uzun vadede maliyetleri çok yüksek olabilir. Geçmişin kazananı ve kaybedeni arasında geçiş yapmak geleceğimiz için yanlış bir stratejidir.

Sonuç önyargısı yatırım sürecinin kalitesini görmemizi engeller. Fon yöneticisinin aylar ve yıllar süren strateji oluşturma çabalarını ve yeteneğini göz ardı etmiş oluruz. Yetenekli bir fon yöneticisini bulmak için geçmiş performansından çok daha fazlasına bakmamız gerekir.

Teknolojik Yenilikler

Gelişen teknolojiler yatırımlarımızı her saniye izleme ve alıp satabilme fırsatı yaratmış durumda. Bu ilerlemeler uzun vadeli fon yatırımını imkânsız hâle getirmiştir. Mobil telefonumuzdaki uygulamalar uyarıcı olmakla kalmayıp harekete geçirme fonksiyonları sayesinde aynı zamanda başarılı bir fon yöneticisi olmayı da güçleştirmiştir. Daha iyiyi bulma çabasıyla performans ekranlarını sürekli izleyip yatırım yapabileceğimiz başka fonlar aramaktayız. Kısa vadeli zararlı yatırım kararları kaçınılmaz olarak daha kötü sonuçlara yol açmakta.

Bireysel emeklilik fonları (BES) için de son zamanlarda aynı uygulamalar kullanılmaya başlandı. Mobil telefonu kullanarak beğenmediğimiz fonu bir başkasıyla değiştirebiliyoruz. Uzun vadeye dayalı BES yatırım felsefesini altüst eden bu uygulama, fon yöneticilerinin uzun vadeli yatırım stratejilerini de engeller durumda.

Yatırım kararı verirken ne kadar çok özgürlüğümüz varsa o kadar hata yapma olasılığımız var. Teknolojinin sağladığı şeffaflık ve kolaylık sayesinde fon yöneticisinin bilgi ve becerisini atlayarak sırf kısa vadeli performansa bakarak, kendi başımıza yatırım kararları almaya çalışıyoruz.

Uzun Vade Avantajı

Yatırım süresi ne kadar kısa olursa, alacağımız sonuçlar aynı oranda şansa bağlı olacaktır. Bir şirketin ne kadar kâr payı ödeyeceğini açıklaması, hisse senedi fiyatının bir gün sonra borsada oluşacak fiyatından ziyade, gelecek yıllar için daha büyük anlam taşır. Piyasada ve ekonomide yaşanan kısa dönemli oynaklıklarda ve panik zamanlarında alınan yatırım kararları çoğu zaman hayal kırıklığı ve hüsranla sonuçlanır.

Zaman ufkumuz kısa olduğunda aktif fonlara yaptığımız yatırım öngörülemediği için zar atmaktan farksız bir davranış olur. Günlük, haftalık ya da aylık kısa dönemlere takıldığımızda işimiz şansa kalmış demektir. Bu durum ülkemizdeki yatırımcının en büyük sorunudur. Borsanın geçmişi çok sayıda örnekle doludur. Kriz dönemlerinde (1994 vb.) yerli yatırımcılar ellerindeki hisseleri nominal değerin bile altında panik hâlde ellerinden çıkarırken, yabancı kurumsal yatırımcılar bu senetleri gerçek değerlerinin çok altında toplayarak 18 aylık bir süre sonra 10 katı gelir elde etmişlerdir.

Yapılan çalışmalar yatırım süresi ne kadar uzarsa üstün performansın o oranda büyüdüğünü göstermekte. Yatırım zamanı uzadıkça birleşik getirinin ve faizin kaldıraç gücü devreye girer. Yatırım süresi uzadıkça fon yöneticisinin yeteneklerini göstermesi mümkün hâle gelir.

Davranışsal finans dalı önyargıların davranışlarımızı nasıl etkilediğinin farkına varılması için çalışmalar yürütür. Yatırımcı psikolojisi ile ilgili gözlemler yatırım yaparken yatırımcının başarılı olması için duygularını nasıl kontrol etmesi gerektiği üzerinde yorumlar yapar. Bu çalışmalar finansal hedeflere ulaşması için yatırımcının önündeki en büyük engellerden birinin kendi davranışları olduğunu vurguluyor.

Yatırımcının Önündeki Seçenekler

Fon yatırımcılarının önünde fon dünyasının büyüklüğü nedeniyle çok fazla seçenek bulunuyor. Bu fonların her birinin farklı yönetim yaklaşımı, getiri hedefi, geçmiş performansı ve yönetim ücretleri söz konusu. Bize en uygun seçeneğin hangisi olduğunu nasıl belirleyeceğiz? Duygularımıza göre ilk olarak geçmiş performansa bakarız ve en yüksek getiriyi sağlamış fonu tercih ederiz. Kısa vadeli dalgalanmalar panik duygularımızı harekete geçirebilir ve düşüncesiz alım satım kararları verebiliriz. Ancak inanç ve davranışlarımız değiştirmemiz mümkün.

Bireysel hane halkı yatırımcısı için en uygun çözüm olarak, yatırımlarının %50'sini endeks fonlara, diğer %50'sini ise farklı menkul kıymet (hisse senedi, tahvil, altın vb.) varlıklardan oluşan aktif fonlara tahsis etmesini ve yatırımlarını her gün takip etmemesini önerebiliriz.

KRİPTO VARLIKLAR DÜNYAMIZI NASIL DEĞİŞTİRİYOR?

Kripto varlıkların ortaya çıkışı 2008 global krizinden sonraya rastlar. Bu kriz sonucunda devletlerin bankalar ve finansal sistem üzerinde etkin denetim sağlayamaması neticesinde milyarlarca dolarlık kayıplar yaşandı ve dünya ekonomisi krize sürüklendi. Global krizin etkileri ise hâlen devam etmektedir. Amerikan bankalarının bilançolarındaki batıklar silinemeyecek kadar büyük boyutlara ulaştı ve öylece kaldı. Devletin kriz sürecindeki hataları, herhangi bir merkezi kontrole tabi olmayan blokzincir teknolojisinin öne çıkmasını ve 2010 yılından beri varlığını güçlendirerek sürdürmesine yol açtı.

Bitcoin ve kripto paralar şifreleme ile güvence altına alınmış değişim araçlarıdır.

2008 yılında takma isimli bilinmeyen bir insan, dijital bir parasal sistemin teknik yapısını içeren bir beyaz bülten (white paper) yayınladı. Bülten, bilgisayar bilimcilerinden oluşan küçük bir grup dışında başlangıçta ilgi görmedi.

Sayısız dolandırıcılık ve kara para aklama olaylarının ardından, 2016 yılından itibaren kripto alım satım platformları üzerinden güvenli işlem yapmak mümkün hâle geldi. Bankacılık ve finans sektörü ise temkinli olmaya devam etti. Finans dünyası, blokzincir sisteminin muhteşem bir yan ürünü olan akıllı sözleşmeleri kullanmaya başladı.

Bitcoin

Bitcoin kamuya açık ve bedava bir yazılımdan ibarettir. Bireyler bu yazılımı indirip çalıştırdıklarında, uçtan uca bir ağa katılarak dünyanın herhangi bir noktasına bir banka ya da finansal hizmet şirketine ihtiyaç duymaksızın ödeme yapma imkânına sahip oluyorlar.

Milyarlarca dolar servetin saklandığı bu ağın bir sahibi yok. Bitcoin'in bir CEO'su da yok. Kimse paranızın güvenliğini garanti etmediği gibi, kaybolması durumunda tazmin edileceği sözü vermiyor. Bu yazılıma ait kodlar, karşılığında ücret almadan çalışan bir avuç gönüllü tarafından geliştiriliyor. Diğer taraftan 2010 yılında kurulduğundan beri Bitcoin'in hiç hacklenmediği görülüyor.

Bitcoin'i koruyan temel faktörlerin başında şeffaflık geliyor. Ağ üzerinde gerçekleşen işlemleri herkes gerçek zamanlı görebiliyor. Sadece küçük bir mühendis grubunun değil, ilgi gösteren herkesin kontrolü altında. Veri defalarca kopyalanıp, çok sayıda konuma dağıtılıyor ve isteyen herkes bir kopyaya sahip olabiliyor. Belli bir merkezi yok. Aynı yazılımı çalıştıran ve aynı kayıtları tutan binlerce bilgisayar üzerinden mutabakat sağlanabiliyor. Kayıtlar bir öncekine bağlanarak zincir üzerindeki ilk bloğa bağlanıncaya kadar devam ediyor. Şifreleme bir özel ve bir açık anahtar yardımıyla yapılıyor. Açık anahtarın birisi tarafından bilinmesi güvenlik sorunu yaratmıyor ve özel anahtara ulaşmak için kullanılamıyor. Şifreleme sayesinde, üç kayıtlı muhasebe kaydı olarak bilinen sistem üzerinden kayıtlar oluşturuluyor.

Alım Satım Platformları

Bitcoin alım satım platformları, kullanıcıların Bitcoin ve diğer kripto para birimlerini alıp satabilecekleri dijital platformlardır. Bu platformlar, kripto para ticaretini kolaylaştıran arayüzler sunar ve kullanıcıların kripto paraları diğer para birimleriyle (örneğin dolar, euro) ya da diğer kripto paralarla değiştirmelerine olanak tanır. Bitcoin alım satım platformları genellikle kripto para borsaları olarak bilinir.

Binance dünyanın en büyük kripto para borsalarından biri olarak, çok sayıda kripto paranın işlem görmesini sağlıyor. Coinbase özellikle yeni başlayanlar için kullanıcı dostu bir platform. Kraken yüksek güvenlikli ve çok çeşitli kripto para alım satım seçenekleri sunuyor. Bitstamp Avrupa merkezli bir borsa olup, ticaret hacmi oldukça yüksektir.

Alım satım platformları, temelde bir "pazar" işlevi görür. Kullanıcılar, platformda birbirlerine Bitcoin veya diğer kripto para birimlerini alıp satabilirler.

Kripto para borsaları, siber saldırılara ve hack olaylarına karşı savunmasız olabilir. Özellikle merkezi platformlar, kullanıcı fonlarını barındırdığı için hedef olabilir. Birçok borsa, geçmişte büyük hack saldırıları yaşamıştır. Bu tür olaylar, kullanıcı fonlarının kaybolmasına neden olmuştur. Kripto para piyasaları, birçok ülkede düzenlemelere tabi değildir veya düzenleme süreci belirsizdir.

Ulusal Paralar ve Bitcoin

Bitcoin kendi başına bağımsız bir varlık olsa da kullanıcılar ve yatırımcılar Bitcoin alım satımı yapabilmek için diğer para birimlerine ihtiyaç duyar. Kripto para borsalarında kullanıcılar (USD, EUR, TRY, vb.) karşılığında Bitcoin satın alabilir veya satabilirler. Bu nedenle Bitcoin ve ulusal paralar arasında bir takas ilişkisi vardır. Bitcoin henüz yaygın bir ödeme aracı olarak kabul görmemektedir. Ancak bazı ülkelerde, bazı işletmeler Bitcoin ile ödeme alabilmekte. Bitcoin'in fiyatı genellikle Amerikan doları cinsinden ölçülür.

Bazı yatırımcılar tarafından değer saklama aracı olarak kullanılır. Enflasyon risklerinden korunmak amacıyla kullanılabilir. Özellikle ekonomik belirsizlikler veya ulusal paraların değer kaybı dönemlerinde, Bitcoin'in sınırlı arz tavanına sahip olması (21 milyon adet) onu enflasyona karşı daha dirençli bir varlık hâline getirebiliyor. Bitcoin, büyük ölçüde spekülasyon amacına dönük bir yatırım aracı olarak da kullanılıyor.

Vergi, kara para aklama ve terörizmin finansmanı gibi konularda Bitcoin için düzenlemeler yapılmaya başlandığı görülüyor. Bazı ülkeler Bitcoin'i tamamen yasaklarken, bazıları da Bitcoin ve kripto para piyasalarını düzenlemeyi tercih etmekte. Ulusal paralar ve Bitcoin arasındaki ilişki, dijital para dünyasının gelişimiyle birlikte sürekli olarak evrimleşiyor.

Ulusal paralar dünya ekonomisinde baskın para birimleri olmaya devam etse de Bitcoin gibi kripto paralara olan ilginin giderek artmakta olduğu görülüyor.

Akıllı Sözleşmeler

Akıllı sözleşmeler, blokzincir teknolojisi üzerinde çalışan dijital sözleşmelerdir. Bu sözleşmeler, merkeziyetsiz bir platformda programlanabilir ve otomatik olarak yerine getirilebilir. Kripto varlıklar ve blokzincir dünyasında akıllı sözleşmelerin rolü büyüktür. Blokzincir, bir veri tabanı türüdür ve tüm işlemleri bir zincir hâlinde kaydeder. Akıllı sözleşmeler ise, bu zincire entegre olarak, bir anlaşmanın koşullarını otomatik bir şekilde yerine getirir. Yani, bir taraf bir işlem gerçekleştirdiğinde, ilgili sözleşme otomatik olarak çalışır ve belirtilen eylemleri gerçekleştirir.

Akıllı sözleşmeler, merkezi otoriteler veya aracı kurumlar gerektirmeden, önceden belirlenmiş koşullara göre otomatik olarak çalışır. Bu, işlem hızını artırır ve manuel süreçleri ortadan kaldırır. İşlemlerin herkes tarafından denetlenebilir ve görünür olmasını sağlar.

Şeffaflık sözleşmeye taraf olanların her zaman ne zaman, neyin yapıldığını görebilmesini sağlar. Geleneksel sözleşmelerde, aracı ve noter ücretleri gibi ekstra maliyetler olabilir. Akıllı sözleşmeler ise bunları ortadan kaldırarak maliyetleri azaltır. Blokzincir, bir kez yazıldıktan sonra verilerin değiştirilmesini çok zorlaştırır. Akıllı sözleşmeler, bu güvenli yapıyı kullanarak sözleşmenin şartlarının değiştirilmesini engeller. Akıllı sözleşmeler, herhangi bir merkezi otoriteye ihtiyaç duymadan çalışır. Tek bir kişiye veya kuruma bağlı kalmadığı için güvenliliği artırır.

Bankacılık ve Finans Sektörü

Bankacılık ve finans sektörü 2016 yılına gelen kadar "Blokzincire evet, Bitcoin'e hayır" görüşündeydi. Faaliyetlerine verimlilik katacak akıllı sözleşmeler vb. teknik kısımları uygulamaya çalışıyorlarken Bitcoin'in kendisini nasıl denklem dışında bırakacaklarına bakıyorlardı. Teknoloji departmanları 1980'li yıllara ait COBOL programlama diliyle yazılmış uygulamaları kullanmaya devam ederek, işler ters gitmeye başlayıncaya kadar akıllı sözleşmeleri görmezden geldiler.

Dağıtılmış kayıt defteri teknolojisi (DLT) bankalararası mutabakatın sağlanması için uygun bir zemin oluşturuyor. Menkul kıymetler tarafında, Excel tablolarına bel bağlamak yerine, bu teknoloji mahsuplaşmayı basit ve hızlı duruma getiriyor.

SWIFT yerine blokzincir temelli uluslararası ödeme sistemleri, dünyanın her kıtasında bir merkez bankasına vb. başvurmak zorunda kalmadan, çok daha ucuza, anlık olarak, mutabakat mesajları gönderebiliyor. Merkeziyetsiz yapı müşterini tanı (KYC) ve kara paranın aklanmasının önlenmesi (AML) kurallarına uyumluluk denetlenebiliyor.

DLT teknolojisinin sektörde ilerlemesi, bankalar ve kurumların birbirleriyle iş birliği yapmak ve güçlerini birleştirmek istemesine bağlı. Mantık olarak sadece güvendiğiniz birkaç kişinin katılması durumunda DLT teknolojisine gerek kalmıyor. Blokzincir, bir takım oyunu olarak nitelendiriliyor.

Token Ekonomisi

Token belirli bir blokzincir üzerindeki işlemleri kolaylaştırmak veya kullanıcılar arasında değer transferi yapmak için kullanılıyor.

Token çeşitli yollarla dağıtılabiliyor. Madencilik, staking veya ICO (Initial Coin Offering -ilk halka arz) gibi yöntemlerle kullanıcılarla paylaşılıyor. Belirli uygulamalarda (örneğin, NFT alım satımı, akıllı sözleşme ödeme sistemleri) veya dijital bir ürün veya hizmetin değişim aracı olarak kullanılabiliyor. İşlemler merkezi otoritelerden bağımsız olarak gerçekleşiyor. Blokzincir teknolojisi sayesinde, kullanıcılar kendi aralarında (peer-to-peer "P2P") güvenli ve şeffaf işlemler yapabiliyor. Token'ler sınırlı arz ve büyüyen talep ile değer kazanabiliyor.

Token ekonomisinde, farklı işleve sahip çeşitli token türleri mevcuttur. Utility token bir platformun hizmetlerine erişim sağlar. Güvenlik token'leri bir şirketin hisselerini temsil edebilir ve genelde yatırım amacıyla kullanılır. Governance token'leri bir projede karar alma süreçlerine katılım sağlar. Arz ise genelde sınırlıdır.

Diğer taraftan token'lerin değeri çok hızlı bir şekilde dalgalanabilir. Bu volatilite, yatırımcılar için risk oluşturabilir. Birçok ülkede düzenlemelere tabi değildir. Bu durum, dolandırıcılık, yasa dışı faaliyetler veya güvenlik açıkları gibi sorunlara yol açabilir.

Dolandırıcılık Hikâyeleri

Kripto para piyasalarının anonim olması ve bir düzenlemeye tabi olmaması, dolandırıcılar için cazip bir ortam yaratmaya devam ediyor. Birçok dolandırıcı, yatırımcılara kripto para yatırarak yüksek kazançlar elde edebileceklerini vaat eder. Bu sistemlerin temeli, ilk yatırımcıları ödüllendirmek için sonradan katılanlardan para toplamak üzerine kurulur (ponzi game). Sahte kripto paralarla veya var olmayan projelerle yatırımcılar cezbedilir. Yatırımcılar sahte arzlarla tuzağa düşürülür. Dolandırıcılar, belirli bir kripto paranın fiyatını yapay olarak şişirir, ardından ellerindeki Bitcoin'leri satarak yüksek kâr elde ederler. Dolandırıcılar, yatırımcıları tuzağa düşürmek için sahte web siteleri ve sosyal medya hesapları oluşturur. Bu siteler, yatırımcılara kripto para gönderme talimatları verir veya cüzdan bilgilerini çalmayı amaçlar. Ünlü isimlerin, özellikle Elon Musk'ın adına sahte Twitter hesapları oluşturulup, yatırımcılara "bedava" kripto para vaat edilerek kişisel bilgileri çalınmıştır. Kripto para borsalarında veya projelerde yöneticiler, yatırımcıların paralarını toplar ve sonrasında projeyi terk ederler. Bazı dolandırıcılar, bedelsiz token adı altında sahte projelerle kullanıcıların bilgilerini veya paralarını çalmakta. Kripto para dünyasında, her zaman dikkatli ve araştırma yaparak yatırım yapmak çok önemlidir. Bu tür dolandırıcılıklar nedeniyle büyük finansal kayıplar yaşanabilir, bu yüzden yalnızca güvenilir borsalarda işlem yapmak ve projeleri dikkatlice incelemek gerekiyor.

Sunduğu Fırsatlar

Merkeziyetsiz para birimleri belli bir sebep için yaratılmıştı. Asıl amaç, alternatif bir yatırım ve spekülasyon aracı sağlamak değildi. Merkeziyetsiz platformlar, dünyaya hükmeden bankaların ve finans kurumlarının sahtekârlıkları neticesinde yaşanan Global Kriz'e bir reaksiyon olarak doğdu ve çökmüş mevcut sisteme bir alternatif sunmak amacındaydı.

2008 krizine giden yolda en saygın ABD yatırım bankaları aynı ipotek sözleşmesini türev işlemleri marifetiyle birden fazla menkul kıymet için teminat göstererek defalarca kullanabilmiş, devlet müdahale etmemiş, duruma seyirci kalmıştı. Sonuçta milyonlarca yatırımcı zarar gördü ya da evlerini kaybetti. Günümüzde bütün dünya bu krizden zarar görmeye devam ediyor.

İnternet bizi çevrimiçi dünya ile tanıştırdı, ancak bunun çok ötesinde dünyamızı ve yaşam tarzımızı değiştirdi. Blokzincir teknolojisi de bize parayı, değeri, bankacılık sistemini ve finans dünyasını algılama şeklimizde temelli bir değişiklik yapma fırsatı sunuyor.

Diğer taraftan ünlü ekonomist Yannis Varoufakis kriz dönemlerinde, para politikası vb. yoluyla her zaman devlet müdahalesi gerektiğini hatırlatıyor ve merkezi otoritesiz bir sistemin vazgeçilmez olduğunu savunuyor.

EĞİTİM EKONOMİSİ BÜYÜME VE ÜRETİME KATKILARI?

Eğitim ileriye dönük kârlı bir yatırım aracıdır. Eğitim bireylere bir meslek kazandırırken, aynı zamanda ülke ekonomisinin büyümesinde çok önemli bir paya sahip. Çağın ihtiyaçlarına göre eğitim almış, nitelikli bireyler yetiştirerek, toplumda kalkınma ve refah artışı sağlayabilecek en önemli faaliyet eğitimdir. Nitelikli insan gücü bir ülkenin en değerli kaynağıdır. Yetişmiş insan gücü sayesinde teknoloji ve sanayide sürekli değişimler yaşanma fırsatları ortaya çıkar.

Eğitim, öğrencileri, öğretmenleri, okulları ve kurumları ile ekonomik bir sektör hâline gelmiştir. Temel hedefi olan nitelikli birey yetiştirilmesi için devlet desteğine ve kaynaklara ihtiyacı vardır. Eğitim kurumlarına finansman sağlanması, kaynak oluşturulması, planlanması, arz ve talebi belirleyen tercihlerin oluşturulması ve insan sermayesi, eğitim ekonomisi faaliyetleri arasında sayılır.

Eğitim ekonomisi, daha verimli ve etkili eğitim sistemlerinin oluşturulmasına yardımcı olmak amacıyla ekonometrik modeller ve analizler kullanır. Ekonomistler eğitimin ekonomik faydalarını daha iyi anlamayı hedeflerken arz ve talebi farklı inceleyerek, çeşitli teori ve hipotezler ortaya koymuşlardır.

Eğitim Ekonomisi

İktisadi düşünce tarihinde eğitim ekonomisinin özerk bir çalışma alanı olarak ortaya çıkmasının 1960'lı yıllarda Theodore Schultz'un Amerikan Ekonomi Derneğinin toplantısında yaptığı konuşma ile başladığı kabul ediliyor. Takip eden yıllarda OECD üyesi ülkeler tarafından konu gündeme getiriliyor. Bir yatırım aracı olarak eğitimin getirisini tahmin etmek için ekonomistler tarafından farklı modeller üretildiğini görüyoruz. Ayrıca insan kaynaklarının geliştirilmesi ile ilgili çeşitli teoriler ortaya çıkmıştır.

Neoklasik ekol tam rekabet koşullarının ve rasyonel davranış sergileyen bireylerin var olduğunu savunur. Bireyler fayda maksimizasyonu arayışındadırlar ve kendilerine en fazla getiriyi sağlayacak eğitim kararları verirken, aynı zamanda toplumun da faydasını artırmış olurlar. Keynesyen Teori, ekonominin sağlıklı işleyebilmesi için devlet müdahalesinin gerekli olduğunu belirtir. Zaman içinde iş gücü piyasalarında yaşanan gelişmeler tam rekabet koşullarının gerçeği yansıtmadığını ortaya koymuştur. "Eleme Hipotezi" ne göre işverenler işgücü arzı tarafında eksik bilgiye sahipken, potansiyel çalışanlar ise şirketler hakkında çok daha fazla bilgiye sahiptir. Bilgi asimetrisi vardır. Bu durumda bireyin sahip olduğu yetenekler ve verimlilik tahminleri işverenin en uygun adayı seçmesine yardım eder. "Kuyruk Hipotezi"ne göre ise bireyler mevcut işler için kuyruğa girerler. Hipotez, eğitim düzeyinin yanı sıra, işbaşında yetiştirme maliyetini de hesaba katar.

İnsan Sermayesi Kuramı

İnsan Sermayesi Kuramı, ekonomide bireylerin bilgi, beceri, yetenek ve sağlık gibi niteliklerinin ekonomik değerini anlamaya yönelik bir yaklaşımdır. Bu kuram, insanların sahip oldukları eğitim ve becerilerin, ekonomik verimlilik ve büyüme üzerinde büyük bir etkiye sahip olduğunu savunur. Bu bakış açısı, iş gücü piyasasında insanların değerini sadece fiziksel emek ve üretimle sınırlı tutmaz, aynı zamanda onların sahip olduğu bilgi ve yeteneklerin de birer sermaye biçimi olduğunu öne sürer.

Bireylerin eğitim düzeylerinin yükselmesi, genellikle onların iş gücü piyasasında daha rekabetçi olmasına ve daha yüksek maaşlar almasına yol açar. İnsan sermayesi, bireylerin kendi eğitimine ve gelişimine yapacağı yatırımlar olarak kabul edilir. Sağlık da insan sermayesinin önemli bir bileşenidir. Sağlıklı bireyler, daha uzun süre ve daha yüksek verimlilikle çalışabilirler.

İnsan sermayesine yapılan yatırımlar, genel ekonomik verimliliği artırır. Bireylerin daha eğitimli, sağlıklı ve yetenekli olmaları, toplumun üretkenliğini yükseltir. İnsan sermayesi kuramı, eğitim düzeyi ile gelir arasındaki güçlü ilişkiyi gösterip, eğitim eşitsizliğinin, gelir dağılımında eşitsizliklere yol açabileceğini öne sürer.

Eğitim ve Ekonomik Kalkınma

Bireyler, eğitim ile edindikleri bilgi, beceri ve yetenekleri sayesinde uzun süreli ve yüksek kazançlı iş sahibi olma fırsatı yakalarlar. Birer meslek sahibi olarak, ülke ekonomisinde üretim ve hizmetlerin büyümesinde önemli rol alırlar. Nitelikli istihdam sayesinde, üretimde artış yaşanır ve ekonomide büyüme sağlanır. Ekonomideki bu olumlu gelişme istihdam talebini artırır, ücretlerde iyileşme yaşanır ve toplumun refahına ve gelişmesine katkı sağlanmış olur. Eğitim, insana yapılan bir yatırım olarak aynı zamanda sermayedir (insan sermayesi). Eğitim nitelikli üreticiler yetiştirirken, aynı zamanda bilinçli tüketicilerin de yetişmesini sağlar.

Eğitim hizmetleri devletin kalkınma hedeflerine ulaşmasında önemli bir araçtır. Devlet toplumdaki tüm bireylere eşit düzeyde ve yeterli eğitim hizmetleri verebilirse, iş gücüne katılım oranı ve ulusal gelir düzeyi artacaktır. Fırsat eşitliği sayesinde adil gelir dağılımı ve kaynak kullanımı gerçekleşir ve ekonomik istikrar sağlanmış olur. Verilen eğitimin niteliği de önemlidir. Hizmet sunulabilmesi için gerekli olan alt yapı, araç ve gereç yatırımlarına ihtiyaç vardır. Eğitime yapılan yatırımın getirisi sadece parasal olarak değil, sosyal, kültürel ve teknolojik gelişme olarak harcanandan çok daha fazla geri dönüş sağlar.

Yaşam Boyu Eğitim

Günümüzde eğitim sistemlerinin ve öğretim yöntemlerinin zamanla gelişen toplumsal, ekonomik, teknolojik ve kültürel değişimlere ayak uydurabilmesi için sürekli olması ve ömür boyu devam etmesi ihtiyacı vardır. Dijitalleşme ve küresel iş gücü piyasasının dönüşümü, eğitimde her geçen gün yeni beceriler ve alanlar oluşturuyor. Teknolojinin ilerlemesiyle birlikte, eğitimde dijital araçlar, online öğrenme platformları ve interaktif yöntemler artık yaygınlaşmış durumda.

Eğitimdeki değişim, küresel eğilimleri ve gelişmeleri takip etmeyi de kapsar. Eğitim öğrencilerin kültürlerarası beceriler kazanmalarını ve küresel bir perspektif geliştirmelerini sağlamak için son derece faydalıdır. Uluslararası iş birlikleri, dil becerileri ve dünya çapındaki diğer değişim programları eğitimdeki değişimi sağlar. İş gücünün değişen taleplerine ve gelecekteki mesleklerin gereksinimlerine uyum sağlamak için eğitimin sürekli olması ihtiyacı vardır.

Günümüzde veri akışının çok fazla olması, eğitim sistemlerinde önemli değişiklikleri ve yenilikleri beraberinde getiriyor. Teknolojinin gelişmesiyle birlikte, öğrenciler, öğretmenler ve eğitim yöneticileri her geçen gün daha fazla veriye erişebiliyor. Ancak bu yoğun veri akışı, doğru bir şekilde yönetilmezse bilgi kirliliğine ve yanlış bilgilendirmeye yol açabiliyor.

Eğitimde Özelleştirme

Ülkemizde vakıf üniversiteleri öğrencilere daha kişiselleştirilmiş ve esnek bir eğitim sunarak onların bireysel ihtiyaçlarına ve ilgi alanlarına göre öğrenme süreçlerini şekillendirecek fırsatlar sunabiliyor. Bu üniversitelerin yenilikçi eğitim yöntemleri, teknolojik altyapı ve kariyer odaklı programlar, öğrencilerin daha özelleştirilmiş bir eğitim deneyimi yaşamalarını mümkün kılıyor. Vakıf üniversiteleri, genellikle devlet üniversitelerinden farklı olarak, daha fazla özerkliğe ve esnekliklere sahip olup, kendi müfredatlarını belirleme, eğitim modelleri oluşturma ve öğrencilere daha kişiselleştirilmiş bir eğitim sunma konusunda avantajlara sahip.

Vakıf üniversiteleri, genellikle esnek ders planları ve modüler eğitim yapıları sunar. Vakıf üniversiteleri yurtdışındaki üniversitelerle daha fazla iş birliği yapar ve öğrencilere değişim programları, çift diploma imkânları gibi fırsatlar sunabiliyor. Vakıf üniversiteleri, iş dünyası ile daha yakın ilişkiler kurarak öğrencilere kariyer odaklı eğitim ve staj olanakları yaratabiliyor.

Diğer taraftan vakıf üniversitelerinin devlet üniversitelerine göre daha yüksek ücretler talep etmesi, eğitime erişim konusunda fırsat eşitsizliği yaratıyor. Bu durum, sadece belirli bir kesimin özel eğitim fırsatlarından yararlanabilmesine neden oluyor.

Eğitimde Devletin Rolü

Eğitimde devletin rolü, toplumun her bireyine eşit ve kaliteli eğitim fırsatları sunmak, toplumun ihtiyaçlarına göre eğitim politikalarını şekillendirmek ve eğitim sistemini düzenleyerek tüm vatandaşların gelişimine katkı sağlamaktır. Devletin eğitimdeki rolü, yalnızca okul ve öğretim faaliyetlerini desteklemekle sınırlı değil, aynı zamanda eğitim politikalarının belirlenmesi, uygulamaların izlenmesi, kaynakların tahsisi ve eğitimde eşitlik sağlanması gibi pek çok önemli görevi içeriyor.

Düşük gelirli ailelerin çocukları, kaliteli eğitime erişimde büyük zorluklar yaşayabiliyor. Devletin sunduğu burs ve yardım olanakları sınırlı, bu da öğrenciler arasında fırsat eşitsizliğine yol açabiliyor. Eğitim bütçeleri çoğu zaman yetersiz kalıyor. Eğitim sistemine ayrılan kaynaklar, genellikle altyapı iyileştirmeleri, öğretmen maaşları, materyal temini ve dijital altyapı gibi önemli alanlarda eksiklikler yaratıyor. Öğretmenlerin mesleki gelişimi için yeterli kaynak ayrılmaması ve öğretmenlerin motivasyon eksiklikleri, eğitim sürecini olumsuz etkiliyor. Eğitim politikalarının uygulanmasında aşırı bürokrasi, öğretmenlerin ve okul yönetimlerinin esnek hareket etmesini engelleyen güncel bir sorun.

Sonuçta devletin eğitim politikasının, ekonomik büyüme ve kalkınmada kilit role sahip olduğunu görüyoruz.

Eğitim ve Yetenek

İnsan sermayesini değerlendirirken bireylerin kişisel yetenekleri öne çıkar. Küresel ekonomide kabul gören yeteneklere sahip çalışanların olduğu bir kurumun yeniliklere uyum sağlama, değer yaratma ve yüksek performans elde etmede başarılı olduğu görülüyor.

Bir kurum için insan en değerli varlıktır. İnsan kaynağının değeri kurumun diğer tüm kaynaklarının işleyişini de etkiler. Sonuçta tüm faaliyetler, kaynaklar ve hizmetler zaten insan emeği tarafından yönetilir durumdadır.

İnsan Kaynağının Değeri Teorisi (Flamholtz,1972) insan kaynağının değerini, bireyin örgütte kalması muhtemel olan süre boyunca sunması beklenen hizmetlerin bugünkü değeri olarak tanımlar. İnsanların örgütlere ait birer nesne olmayıp, örgütten ayrılma özgürlüklerinin olması bireyin koşullu değeridir. Teoriye göre koşullu değer, üretkenlik, aktarılabilirlik ve yükselme potansiyelinden oluşur. Üretkenlik, performans ile eş anlamlıdır. Aktarılabilirlik, aynı seviyedeki farklı pozisyonlarda verilmesi beklenen hizmetleri ifade eder. Bireyin örgütte üyeliğini sürdürmesi durumunda, bu iki değişken bireyin potansiyel yükselme değerini oluşturur.

Eğitim yalnızca bireyin değil, toplumun da gelişimi sağlanan en temel bireysel ihtiyaç. Eğitim düzeyinin artmasıyla yalnızca ekonomik alanda değil, sosyal, kültürel ve siyasal alanlarda da gelişim sağlanmış oluyor. Eğitimde niteliğin sağlanabilmesi için öncelikle eğitim alanında yapılan yatırımların artması gerekiyor. Eğitimde en temel sorunun finansman eksikliği olduğu görülüyor.

Devletin eğitim politikalarının bireyin gelişimine odaklı, özgür düşünceye saygılı, sürdürülebilir ve çağdaş olması, bir ülkenin ekonomik kalkınması ve artan refahı için gerekli ön koşullar olarak öne çıkıyor.

GİRİŞİMCİLİK EKONOMİK GELİŞMENİN MOTORU?

Girişimci, yeni iş fırsatlarını keşfeden, bu fırsatları değerlendiren ve ekonomik değer yaratan kişidir. Girişimci, yenilikçi fikirler geliştirme, risk alma, kaynakları etkin bir şekilde kullanma ve pazar ihtiyaçlarına uygun ürün veya hizmetler sunma yeteneğine sahip olan kişidir. Fikir sahibi olmak önemlidir, ancak yeterli değildir. Bu fırsattan yararlanmak için bir kurumsal yapının hayata geçirilmesi gerekir. Girişimci, fırsatları gören ve o fırsatlardan yararlanmak için ayrıca bir şirket kuran kişidir. Girişimcinin tanımında mutlaka yer alması gereken başka bir değişken de risktir. Girişimci, hedefe ulaşmak için birikimini ve zamanını ortaya koyandır. Kazanma ve kaybetme olasılığı bir aradadır.

Tarih boyunca başarılı girişimcilerin eskiyi bir kalemde silecek (disruptive) yeni ürün ve teknolojiler icat ederek piyasaya sürdüğünü görüyoruz. Yeni ürün ve hizmetler hayata geçerken atıl kalmış sektörler ortadan kalkıyor. Yeni iş olanakları ve yeni sektörler ortaya çıktıkça toplumda servet ve dinamizm artışı sağlanıyor. Girişimcilik, ekonomik büyüme ve kalkınmanın motoru olarak tanımlanıyor.

İyi bir ticari fırsatı gören, arkasından şirket kurup, idari ve teknik becerilerini kullanan, insani ve finansal sermayesini birleştirerek bu fırsatı değerlendirme cesaretine sahip kişiye girişimci diyoruz. Ekonominin temel kuramları arasında risk ve getiri arasında pozitif korelasyon olduğu vardır. Girişimci macera ve risklerle dolu bu adımı atarken karşılığında yüksek getiri, tanınmışlık ve kimsenin hayal edemediği bir ürün ve hizmeti geliştirerek tarihe geçmek ister.

Girişimcinin Nitelikleri

Girişimci olmak için bir fikir sahibi olmak yeterli olmuyor. Fikir dışında uygun beceri ve kişilik özelliklerine de sahip olmak gerekiyor. Yaratıcılık, vizyon sahibi olmak ve fırsatları görme becerisi fikir ile hareket eden başlıca özellikler. Girişimcinin rakamlarla arasının iyi olması, finansal konularda bilgi sahibi olması, insan ilişkilerinin güçlü olması ve liderlik vasıflarına sahip olması diğer temel yetenekler arasında yer alıyor.

Başarılı bir işletme kurmak için önce başkalarını ikna etmek gerekir. Çalışanları, müşterileri ve fon sağlayıcıları fikrinizin iyi olduğuna inandırmak anlamına geliyor. Liderlik etme, çevre oluşturma, ikna kabiliyeti ve iletişim becerileri fikrinizin hayata geçmesini sağlayan sosyal beceriler arasında yer alıyor.

Çalışma tarzı olarak tek başına çalışma ve kendi işinin patronu olma isteği, hedefe odaklanmak, iş bitirme, dinleme, güvenme ve tavsiye alma becerisi, planlı olmak, gerektiğinde kuralları değiştirebilmek ve geçmiş hataları görüp ders alarak yoluna devem edebilme kabiliyetlerine sahip olmak öne çıkıyor.

Ailesinde girişimcilik geçmişi olanların kendi işletmelerini kurma olasılığının diğerlerine göre daha yüksek olduğu görülüyor. Şirket sahibi olmanın getirdiği zorluklar, seçimler ve ödüller bu tür aile fertlerinin bir araya geldiklerinde en çok konuştuğu konular arasında yer alıyor.

İş Fırsatının Analizi

Tespit edilen iş fırsatının hayata geçirilmeden önce enine boyuna tartılması gerekir. Fırsatın müşteriler için ciddi bir değer yaratan, girişimci için de kayda değer bir kâr potansiyeli sunan bir ürün ve hizmet olup olmadığı sorgulanmalı. Müşterinin ihtiyacına gerçekten cevap verebilecek bir fırsatı belirlemek ve bu ihtiyacı giderecek çözümü sunabilmek, girişimcilik macerasının ilk adımını oluşturuyor.

Düşünüldüğü gibi bir pazar gerçek hayatta var mıdır ve varsa büyüklüğü ne kadardır? Rakipler nasıl bir yol izleyecektir? Tedarik zincirinde karşılaşılabilecek zorluklar nelerdir? Müşteriye katacağı değer nedir? Müşteri profili ve alım gücü nasıldır? Bu sorulara cevap bulabilmek için bir prototip yapıp pazarda test edilmesi gerekir. Pazarı daha iyi anlamak ve ihtiyaçları bilfiil tespit edebilmek için potansiyel müşteriyle birlikte çözüm üretilmesi başarı şansını artıracaktır.

Pazara sunulması düşünülen ürünün arz ve talebi ne durumdadır? Fiyatları kim belirleyecek? Talep esnek mi? Alternatif ürünler ve rakipler var mıdır? Potansiyel kârı hesaplamak için proforma gelir tablosu yapıldı mı? Benzeri sorularla iş fırsatının ekonomisi her yönüyle analiz edilmelidir. Söz konusu fırsat girişimci ve yönetim ekibine uygun mudur? Şirket sahibinin ve yönetim ekibinin gerekli beceri ve uzmanlıklarının dikkate alınması da gerekir.

İş Modeli ve Stratejisi

İş modeli müşterileri belirler, şirketin bu kitlenin ihtiyacına cevap verirken nasıl para kazanacağını tespit etmeye çalışır. İş modeli faaliyet alanını daha iyi anlamamızı sağlamaya yarar. Gelir kaynakları, maliyet unsurları, yatırımın büyüklüğü ve kritik başarı faktörleri iş modelinin temel unsurları arasında yer alır.

İş modeli kategorileri arasında aracılık, kiralama, kullandığın kadar öde, ürün/hizmet paketleri, açık eksiltme, kitlesel fonlama, temel hizmetleri ücretsiz sunup üst düzey hizmet için ücret alma, sunulan hizmeti sadeleştirme, abonelik vb. kategoriler mevcuttur. İş modelinin mutlaka test edilmesi gerekir. İş modelinin büyüme potansiyelini test etmek için bir kuluçka merkezi ya da hızlandırıcı programlarından destek alınabilir.

Strateji ise rekabet ile ilgilidir. Faaliyetinize nasıl rekabet avantajı kazandıracağınızı belirler. Rekabet stratejisi farklılaşmayla ilgilidir. Rakiplerle aranızdaki farkların hepsi birer avantaj teşkil eder. Ayakta kalmak için mutlaka bir fark yaratılması gerekir. Aynı tarzda iş yapan iki ayrı şirket, aynı anda pazarda varlığını uzun süre sürdüremez.

Girişimcinin hüsranla sonuçlanabilecek bir strateji karşısında kötü sonuç alabileceğini görmesi, buna hazırlıklı olması, esnek davranması, odak ve stratejisini hızla değiştirebilmesi gerekir. Yanlış giden şeyleri bulup, sahaya tekrar geri dönebilmek, esnekliği girişimcinin önemli nitelikleri arasındadır.

İş Planı

İş planı iş fırsatını anlatan, girilecek pazarı, kurulacak şirketi ve faaliyetlerini ayrıntılı olarak açıklayan bir belgedir. İş planı girişimcinin ve yönetim ekibinin sahip oldukları nitelikleri açıklar.

İhtiyaç duyulan kaynaklar, elde edilmesi öngörülen finansal sonuçlar ve yatırımcılar için çıkış yöntemleri iş planının birer parçasıdır. Başka bir deyişle, iş planı olmadan yatırımcı bulmak mümkün olmaz.

Girişimci, iş planı sayesinde ayrıntıları belirleyebilir ve bu ayrıntıları şirket dışındaki deneyimli kişilere danışarak gözden kaçan fırsat ve detayları görebilir. Aşırı iyimser varsayım ve tahminleri kâğıt üzerinde düzelterek potansiyel finansörlerden kaynak temin etme şansını artırmış olur.

İş planı içinde bulunması gerekli temel başlıklar yönetici özeti, fırsat, şirket, hedefler, ürün/hizmet stratejisi, ekip, pazarlama planı, faaliyet planı ve finansal plan olarak özetlenebilir. İş planını okuyacak olanlar atlayarak okumayı öğrenmiş, zamanı kısıtlı ve meşgul kişilerdir. Sadece merak ettikleri ayrıntıları okuyacaklardır. Kısa ve özlü sunumda metnin atlayarak okunmasını sağlamak için başlık, alt başlık, liste, grafik benzeri tasarımlar kullanılmalıdır. Paragrafların kısa olması ve 200'den fazla kelime içermemesi önerilir. Bu nedenle hikâyenin önemli bir kısmını grafiklerle anlatmanın büyük yararları vardır.

Finansman

Başlangıç evresinde finansman genelde kişisel birikimler, bireysel krediler, tanıdık, dost ve akrabalardan sağlanır. Tedarikçiden ön ödemesiz mal temini ve kitle fonlaması başlangıç aşamasındaki diğer finansman kaynakları olarak sayılabilir. Şirket büyüme evresinde kendi bünyesinde ürettiği nakit, varlık teminatlı kredi ya da öz sermaye yatırımını kaynak olarak kullanabilir.

Melek yatırımcı erken evrede finansman sağlayan kişidir. Risk sermayesi yatırımı ise genelde büyüme evresinin başındaki şirketlere, girdiği riske karşı hisse senedi sahibi olmak isteyen şahıs ya da kuruluşlardır. Çoğu risk sermayesi yatırımında imtiyazlı hisse veya varantlara dönüştürülebilir borç benzeri araçlar kullanılır. Risk sermayesi ve özel girişim sermayesi sahipleri mümkün olan en kısa sürede en yüksek getiriyi sağlayıp yatırımlarını nakde çevirmek ister. Şirketin uzun vadeli çıkarlarına uygun olmayan kararlara imza atıp, şirketi zor durumda bırakabilirler.

Hisse senetlerinin halka arzı belli bir büyüklüğe gelmiş, kendini ispat etmiş firmalar için önemli ve büyük bir finansman kaynağıdır. Şirket sahibine kâğıt üzerindeki varlığını nakde çevirme fırsatı sunar. Halka açılmak için piyasa koşullarının takip edilmesi ve şirketin kontrolünü elde tutmanın ne kadar istendiği önemlidir. Tahsisli satış, halka arza alternatif olarak borsa dışında yapılan blok hisse satışlarıdır.

Sürdürülebilir Büyüme

Büyüme aşamasındaki bir şirket sürekli değişim ve dönüşüm yapmaya zorlanır. Yeni teknolojilerin ve rakiplerin ortaya çıkması an meselesidir. Şirketin üstün bir ürün ya da teknolojiye dayanan mevcut stratejisi, kârlı ve büyüyen bir pazar yaratmışsa, rakipler de o pazardaki potansiyeli görüp değerlendirmek isteyecektir. Büyümeyi sürekli kılmak için birkaç adım ötesini görebilmek gerekir. Rakiplerin ne gibi ürünler geliştireceğini tahmin ederek pazara girişi engelleyici adımlar atılması önemlidir.

Pazardaki ilk şirketseniz ürün tasarımı ve verimliliğinde yapacağınız sürekli iyileştirme ve geliştirme faaliyetleriyle kârlılığınızı koruyup maliyetler düşürülebilir. Pazara sonradan giren rakipler size yetişemeyip, düşük kârlılıkla yetinmek zorunda kalacaklardır. Rakipler yüksek kâr marjı olan pazarları arar. Fiyatları makul düzeye çekerek pazarın cazibesi azaltılabilir. Müşterilere sunulan ürünlerin sürekli yenilenmesi fiyatı düşürüp, satın almayı kolaylaştırabilir. Yeni pazarlara açılarak henüz ürününüzle tanışmamış yeni coğrafyalar bulunabilir.

Kurucuların işleri bizzat yapmak yerine başkasına yaptırmayı öğrenmesi gerekir. Değişmeyi beceremeyen kurucular kendi kurdukları şirket için bir probleme dönüşür. Lider kişi, yönetim modelini büyümekte olan bir şirketin ihtiyaçlarına göre düzenlemesini bilir.

Çıkış Stratejileri

Girişimcilerin bazıları zaman içinde kurdukları işi ailelerine devreder. Diğer taraftan, aile şirketlerinin yüzde doksan gibi ezici bir çoğunluğu ise ikinci nesilde yok olur. Değişime kapalı olmak, ekip çalışmasına inanmamak, her türlü kararı kapalı kapılar arkasında kendi başına vermek Türk girişimcisinin tipik yönetim tarzıdır. Oysa çözüm basittir. Danışma kurulu ya da bağımsız yönetim kurulu fonksiyonlarını çalışır hâle getirip, konusunda kendini ispat etmiş deneyimli kişilerin görüşlerine kulak verilebilir. Girişimcinin her şeyi bilmesi mümkün değildir.

Girişimci nakit parayı cebine koyup ayrılmak isteyebilir. İşlerin ters gideceğini hissedebilir, sıfırdan yeni şeyler yaratmak ister, en sevdiği aşama bir şeyler yaratmaksa operasyon ve günlük sorunlarla boğuşmak istemez.

Şirketten parasını alıp ayrılmaya karar veren bir girişimci için farklı yöntemler vardır. Sermayenin sadece bir kısmını nakde çevirmek niyetinde de olunabilir. Hisse senetlerini borsaya kote edip halka arz etmek, birleşme ve satın almalar, çalışanlar için hisse sahipliği programları, mevcut yönetime satış, yeni bir alıcıya satış başlıca çıkış modelleri olarak sayılabilir.

KİTLE FONLAMASI GİRİŞİMCİYE ALTERNATİF KAYNAK?

Girişimcilerin projelerini hayata geçirebilmek içim finansmana ihtiyacı vardır. Girişimci genellikle kendi kişisel varlıkları ve yakın çevresini kullanarak fikirlerini hayata geçirmeye başlar. Ancak büyümek için ilave kaynak gerekir ve zorluklar bu aşamada ortaya çıkar. Girişimcilerin geleneksel para ve sermaye piyasası araçlarına erişimi yoktur. Geriye kalan melek yatırımcı ya da risk sermayesinden sağlanabilecek kaynak süreci de aşılması gereken sorunlarla doludur.

Fonlama açığının kitle fonlaması yoluyla sağlanması yönteminin dünya genelinde oldukça hızlı bir gelişim gösterdiği görülüyor. İnternetin yaygın kullanımı sayesinde kitle fonlaması modern finansman yöntemleri arasında yerini almış durumda. Düşük işlem maliyetli dijital finansman uygulamaları FinTech şirketlerinin desteğiyle her geçen gün gelişmekte. Ülkemizde Sermaye Piyasası Kurulu tarafından gerekli yasal düzenlemeler yapılmasına rağmen, henüz eksikliklerin olduğu ve piyasanın gelişemediği görülüyor.

Kitle Fonlaması Nedir?

Kitle fonlamasının ilk olarak sanat ve yaratıcılık alanlarında kullanılmaya başlandığı görülüyor. Mozart ve Beethoven konserlerine destek amacıyla hayranlardan para toplanmış. Kitle kaynak kullanımı, yeni fikirlerin ortaya çıkarılması ya da bir sorunun çözümü için kalabalık bir topluluğun görüşüne başvurulması anlamına geliyor (crowdsourcing). Kitle kaynak kullanımı zaman içinde mikro finansman ile bütünleşerek kitle fonlaması olarak ortaya çıkıyor (crowdfunding).

Kitle fonlaması çok sayıda bireyden küçük tutarlarda toplanan paralardan oluşur. Bireyler bir girişimcinin projesine mevcut platformlar kanalıyla internet üzerinden destek verir. Girişimci platform üzerinde bir web sayfası oluşturarak projesini tanıtır. Dijital ortam sayesinde, hiçbir aracıya başvurmaksızın halktan para toplanmaya çalışılır. Aynı zamanda söz konusu ürün ya da hizmet kamuoyuna tanıtılmış ve geri bildirim alma fırsatı yaratılmış olur.

Yatırımcı perspektifinde ise yeni yatırım fırsatlarına erişim, yeni ürünlere piyasaya çıkmadan önce sahip olabilmek, toplumsal bir faaliyete katılmış olmanın gururunu yaşamak, toplumsal bir fayda elde etmek ve bir şeyi desteklemenin motivasyonu vardır. Platform sayesinde her iki taraf için sosyal ilişkiler kurma fırsatları ortaya çıkar.

Kitle Fonlaması Modelleri

Bağışa dayalı ve ödüle dayalı modellerin finansal getirileri yoktur. Bağışa dayalı model yoluyla kâr amacı taşımayan yardım amaçlı projelerin fonlanması yapılmaya çalışılır ve parasal bir getiri beklenmez. Bağışa dayalı modelde en çok yatırım yapılan sektörler yardım kuruluşları ve vakıflardır.

Ödüle dayalı modelde yaratıcı projelere fon sağlanması amaçlanır. Beklenti olarak parasal olmayan bir ödül, ürün ya da hizmet söz konusudur. Modelin en çok yatırım yaptığı sektörler sanat, müzik ve tasarımdır. Katılımcıya sağladığı fon tutarına göre bir teşekkür mektubu vb. sembolik ödüller verilir. Aynı zamanda üretilecek olan yeni ürün ya da hizmetin henüz piyasaya çıkmadan önce ilk kullanıcısı olma, ürün geliştirme sürecine yaratıcı katkıda bulunma, proje sahipleri ile tanışma vb. ilave ödüller de teklif edilir.

Borçlanmaya dayalı modelde borç talep eden şahıs ve şirketlere kredi sağlanır. Verilen kredinin anapara ve faizinin geri ödenmesi gerekir. Bu modelde en çok yatırım yapılan sektörler eğitim ve araştırmadır.

Paya dayalı model, yeni girişim şirketi hisse senetlerine yapılan yatırımdır. Kâr payı ve sermaye kazancı beklentisiyle en fazla teknoloji ve inovasyon projelerine kaynak sağlanır.

Kampanya Süreci

Sermaye Piyasası Kurulu, Kitle Fonlaması Tebliği hükümlerine göre öncelikle potansiyel yatırımcıların kitle fonlama platformuna elektronik ortamda üye olmaları ve üyelik sözleşmesini imzalamaları gerekir. Ayrıca yatırımcıdan Kitle Fonlaması Faaliyetleri Genel Risk Bildirim Formunu okuyup anladığına dair yazılı ya da elektronik beyan alınır.

Girişimci tarafından platforma yapılan başvuruda fizibilite raporu ve bilgi formu (paya dayalı), kredibilite formu ve bilgi formu (borçlanmaya dayalı) iletilmesi istenir. Yatırım komitesinin, başvuru konusu projenin uygunluğunu tespit ederek bilgi formunu onaylaması beklenir. Bilgi formu daha sonra kampanya sayfasında yayımlanır.

Kampanya süresi boyunca yatırımcılar fon sağlama taleplerini platforma iletip, ödeme emirlerini yerine getirir. Platformlar kendilerine iletilen bu talepleri Merkezi Kayıt Kuruluşu'na ve emanet yetkilisine iletir. Toplanan fonlar emanet yetkilisi nezdinde bloke edilir. Yatırımcı 48 saat içinde cayma hakkını kullanabilir.

Kampanya süresinde hedeflenen fonun toplanması durumunda girişimcinin doksan gün içinde bir anonim şirket kurması istenir. Toplanan fonlar modele göre belirlenen süreler içinde şirkete devredilir.

Riskler

Kitle fonlaması internet üzerinden yapılan bir faaliyet olduğu için yönetilmesi gereken riskler mevcuttur. Kimlik bilgilerinin çalınması, verilerin korunmasında sorunlar yaşanabilmesi, kara para aklanması, terörizmin finansmanı vb. dolandırıcılık riskleri söz konusudur. İlave riskler arasında, aslında gerçekleştirilmesi amaçlanmayan ya da hiç mevcut olmayan projeler için para toplanması sayılabilir. Kampanya süresince toplanan paraların korunması, hedef tutara ulaşılamaması durumunda, yapılan ödemenin iadesiyle ilgili endişeler de platform kaynaklı riskler arasındadır.

Girişimci kaynaklı risklerin başında girişimcinin tecrübesizliği ve toplanan kaynağın belirtilen amaca uygun olarak kullanılmama tehlikesi vardır. Bu durumda yatırımcıya verilen taahhütlerin yerine getirilememesi söz konusu olabilecektir.

Yatırımcıların deneyimsiz olması durumunda ise kandırılma ihtimalleri, proje seçiminde gerçekçi olmayan beklentilere destek olmaları, yatırımın batmasına karşı herhangi bir korunma altında olmadıklarının bilincinde olmamaları, başlıca yatırımcı kaynaklı risklerdir. İkincil piyasanın yokluğu nedeniyle istenildiği zaman paranın geri alınamaması ve iflas hâlinde yatırım tutarının kaybedilmesi diğer yatırımcı riskleri arasındadır.

Dünyadaki Gelişimi

Kitle fonlamasının ilk örnekleri daha eski tarihlere dayansa da 2000'lerin başından itibaren internetin yükselişiyle hız kazandığı görülüyor. İlk kitle fonlaması platformu Indiegogo 2005 yılında kuruldu ve 2008 yılında Kickstarter piyasaya sürüldü. 2000'lerin sonuna doğru kitle fonlaması artık bir başlangıç sermayesi olarak kabul edilmeye başlandı. Bu iki platform kitlelerin projelere destek olmasına önemli katkı sağladı.

2010'lu yıllarda çok sayıda yeni platform ortaya çıktı ve birçok sektörde kullanılmaya başlandı. Sadece bağış toplama değil, hediye ve ödül, hisse senedi tabanlı ve borç temelli modeller popüler oldu.

2020'li yıllar kitle fonlamasının olgunlaştığı, regülasyonların arttığı ve daha fazla profesyonelleştiği bir dönem olmaya devam ediyor. Yeni nesil platformlar arasında Patreon sürekli gelir modeliyle içerik üreticilerine destek sağlıyor. DeFi ve blokzincir tabanlı uygulamalar merkeziyetsiz finansal yapılarıyla kitle fonlamasına yeni bir boyut kazandırıyor.

Gelecekte yapay zekâ ve blokzincir benzeri teknolojilerin gelişimi ve entegrasyonu, kitle fonlaması sürecini daha şeffaf, hızlı ve güvenilir bir şekle dönüştürecek gibi görünüyor.

Türkiye'de Kitle Fonlaması

Ülkemizde kitle fonlamasına olan ilgi dünya genelindeki gelişmelere paralel olarak ilgi görmeye başlamış, ancak gelişimi yapısal ve yasal engellere takılmıştır. 2010'lu yıllarda Fongogo, CrowdFon ve Arikovani benzeri platformlar ödül tabanlı model altında projelere finansman sağlamaya çalıştı. Yine bu dönemde global Kickstarter ve Indiegogo platformları Türk girişimcilerinin ilgisini çekmeye başladı. Mevzuat ve ödeme sistemlerinde yaşanan sıkıntılara rağmen, bazı Türk projeleri bu küresel platformlardan fon toplamayı başardı.

2020'li yıllarda Kickstarter Türkiye, Fongogo ve Arikovani gibi platformlar yerli projelere finansman sağlamak için faaliyetlerine devam etti. Başta teknoloji olmak üzere, sanat, müzik ve film projeleri ağırlıklı alanlarda kampanyalar yürüttüler. Hâlen (Aralık 2024) Sermaye Piyasası Kurulu tarafından listeye alınan 14 adet paya dayalı platformun mevcut olduğu görülüyor

Türkiye'de kitle fonlamasında büyük başarılar elde eden projeler oldu. Makerslab, yaratıcı teknoloji projesi ve SenKiminleDansEdiyorsun sosyal sorumluluk projesi büyük kitlelere ulaşmayı başardı. Türkiye'de kitle fonlamasının gelişmesinde sosyal medyanın önemli rolü olduğu görülüyor. Genç ve teknolojiye yatkın girişimciler projelerini sosyal medya üzerinden duyurup kampanya düzenleyebiliyorlar.

Türkiye'de Yaşanan Sorunlar

Kitle fonlama modelinin ülkemizde potansiyelinin yüksek olduğu görülüyor. Bazı yapısal ve yasal engeller nedeniyle henüz yeterince gelişmediğini söyleyebiliriz. Yasal çerçevedeki eksiklikler platformların ve kullanıcıların karşılaşabileceği hukuki sorunlara tam manasıyla cevap verememekte. Finansal modele dayalı kampanyalarda mevcut yasal düzenleme, yatırımcının korunması konusundaki endişeleri gideremiyor. Bunun için bir kitle fonlama yasası gerektiği ifade ediliyor. Güven problemi ve operasyonel zorlukların giderilmesi için yeni düzenlemelere ihtiyaç var.

Bankacılık sistemi ve kredi kartı altyapıları global sisteme entegrasyonu sınırlıyor. Yurtdışındaki yatırımcılar ödeme sistemlerinde yaşanan sıkıntılar nedeniyle Türk projelerine destek sağlamakta zorlanıyor.

Bilinirlik ve güven sorunları mevcut. Kitle fonlaması yeterince tanınmıyor. Güvenlik ve dolandırıcılık endişeleri yatırımcıyı uzak tutuyor. Geleneksel yatırım kültürü riski yüksek yatırımlardan uzak durulmasına yol açıyor. Kampanyalar genelde düşük katılım ve yetersiz pazar engeliyle karşılaşıyor. Piyasanın gelişmesi için eğitim yoluyla farkındalık sağlanması gerekiyor.

KRİPTO PARA HALKA ARZI
BLOKZİNCİR TEKNOLOJİSİYLE FON SAĞLAMA

Kripto para sektöründeki fon toplama mekanizmasına ilk dijital para halka arzı (initial coin offering – ICO) ismi veriliyor. Bu halka arz işlemi, herhangi bir şirketin geleneksel olarak bir borsaya kote olup hisse senetlerini halka satması ile benzerlik gösteriyor. Yeni bir dijital para oluşturmayı, herhangi bir proje, uygulama ya da hizmet için kaynak toplamayı amaçlayan bir şirket, ya da bireyin ICO başlatması mümkün.

Geleneksel fon toplama yöntemlerinden farklı olarak, dünyanın herhangi bir yerinden, bir kripto cüzdanına sahip olan herhangi bir kimse, bu yönteme başvurabilir. Hiçbir aracıya gerek duymadan, internet üzerinden, düşük maliyetli, bürokrasiye takılmadan likidite sağlayabilir. Genelde ilk para arzı bir projenin başlangıç aşamasında, kendi dijital para biriminin (coin/token) oluşturulmasıyla yatırımcıya sunularak para toplanır.

ICO sürecinde yatırımcılara yapacakları ödeme karşılığında belirli miktarda kripto para satılır. Ödeme yöntemi olarak herhangi bir yasal ödeme aracı ya da Bitcoin / Ethereum gibi yerleşik ve daha istikrarlı kripto para birimleri kullanılır.

ICO Süreci Nasıl İşler?

İlk coin teklifi blokzincir tabanlı projelerin fon toplama sürecinin bir parçasıdır. Proje geliştirme aşamasında proje hakkında detaylı bilgiler içeren bir belge yayınlanır (white paper). Bu bilgi kitapçığı, hisse senedi halka arzında hazırlanan izahname (prospectus) ile eşdeğerdir. Teknik detaylar, piyasa ve sektör analizleri, potansiyel müşteriler ve sağlanacak kaynağın nerede ve nasıl kullanılacağı vb. bilgiler içerir. Potansiyel yatırımcılar için bir rehber niteliğindedir.

ICO öncesi genelde bir ön satış söz konusu olur. Projeye ilgi duyan, erken aşamada yatırım yapmayı düşünenler hedeflenir. Buna karşılık kendilerine indirim benzeri ödüller ve ayrıcalıklar sunulur. Pazarlama faaliyetleri de bu dönemde yoğundur.

Sürecin sonunda yatırımcılara satın aldıkları token'ler dağıtılır. Bu yeni dijital para birimi, projenin kendi blokzincirinde, ya da herhangi bir blokzincir üzerinde yer alabilir.

Kripto para borsaları üzerinden halka arz yapmak mümkündür. Kripto para borsası üyelerinin katıldığı, borsaya özel risk yönetimi ve müşteri tanıma sistemlerinin kullanıldığı bir süreç işler. IEO (initial exchange offering) yönteminde yatırımcılar proje token'lerini doğrudan borsadan satın alabilirler. Bu yöntemin güvenilirlik, kolaylık ve likidite benzeri avantajları ve maliyetleri vardır.

Piyasa Değeri

Kripto paraların piyasa değeri herhangi bir anda tek bir para biriminin güncel fiyatı ile madencilik yoluyla elde edilen toplam kripto para sayısının çarpılması ile hesaplanır. Piyasa değeri önemli büyüklükte meblağlara ulaşmış bir para birimi, güvenilir bir yatırım görüntüsü verir. Piyasası sığ olan bir para birimi fiyatında ise ani hareketler, büyük artışlar ve dramatik düşüşler çok sık yaşanır.

10 milyar dolar ve üzeri (large cap) piyasa değerine sahip para birimleri Bitcoin (BTC) ve Ethereum (ETH) daha az değişken ve daha güvenilir olarak değerlendirilir. 1 milyar ile 10 milyar dolar arasındaki piyasa değeri orta piyasa değeri (mid cap) olarak sınıflandırılır. Küçük piyasa değerine sahip kriptolar ise 1 milyar doların altında piyasa değerine sahiptir.

Piyasa değeri değerleme, karşılaştırma ve likidite rakamları yoluyla yatırımcıya bir fikir verir. Piyasa tarafından belirlenen arz-talep dengesi, projenin sağlamlığı, yatırımcı algısı, piyasa koşulları gibi birçok faktörden etkilenir. Ancak piyasa değeri, tek başına bir kripto paranın gerçek değerini veya potansiyelini tam anlamıyla göstermekten uzaktır.

Gelişimi / Tarihçesi

İlk dijital para arzının 2013 yılında Mastercoin ile başladığı görülüyor. Bitcoin blokzincir üzerinde ilave bir katman oluşturarak yeni token ve uygulamaların geliştirilmesi amaçlanıyordu. Hemen arkasından 2014 yılında Ethereum ICO'su bu yöntemin popüler olmasını sağladı. Elli milyon adet token 0,311 dolar birim fiyattan arz edilerek toplam 18 milyon dolar kaynak toplandı. Ethereum kripto parası 12 Mayıs 2021'de 4.382,79 dolar fiyata ulaşarak tarihi zirvesini gördü.

Piyasaya sunulan halka arzları takip etmenin tek bir yolu mevcut değil. Topicolist.com benzeri web siteleri farklı halka arzları karşılaştıran bilgiler yayımlıyor.

2019 yılında Telegram ICO'sunda yaşanan büyük çaplı sorunlar, bu tarihten itibaren halka arzların önemli oranda azalmasına yol açtı. ABD Sermaye Piyasası Kurulu (SEC) 1,7 milyar dolar toplanmasından sonra Telegram halka arzına yasaklama getirdi.

Yasal düzenleyicilerin ve ihraççıların henüz ICO sürecini tam manasıyla kavrayamadıkları görülüyor. Bu durum yatırımcıları kendi başlarına bırakıyor. Düzenleme, deneyim ve denetim eksikliği karşısında sorumluluk tamamen yatırımcının kendisine kalıyor.

Sunduğu Fırsatlar

İlk dijital para teklifleri yatırımcılara yeni bir kripto para birimi üzerinden spekülasyon yapma fırsatı verir. Kripto para arzları spekülatif yatırımcılar için çok uygun bir alandır.

ICO'ların bir menkul kıymet olarak kayıt altına alınması mümkündür. ABD piyasası yönetmelikleri belirli işlemlerin yerine getirilmesinden sonra 12 aylık süre içinde 10 milyon dolara kadar madeni para ihraç edip satılmasına yasal olarak izin verir. Howey Testi kriterlerini karşılayan ihraçlar menkul kıymet olarak kabul görebilir. Ülkemizde ise kanun yayınlanmış olup detayları için SPK yönetmelikleri beklenmekte.

ICO'lar yeni başlayanlar için bir sermaye kaynağı olabilir. Yeni başlayan girişimcilerin bankalar, borsalar ve risk yatırımcılarına ulaşma zorlukları göz önüne alındığında, ICO doğrudan halktan para toplanmasını sağlayabilir. Herhangi bir merkezi otoritenin yokluğu, maliyet avantajları, dünya çapında ulusal ve yasal sınırlar arasında kolayca transfer edilebilmesi özellikleri ICO'ların en önemli artıları arasında yer alıyor.

Hızlı ve kolay fon toplama, küresel erişim, yatırımcılar için yüksek getiri potansiyeli, devrimci bir teknolojik yeniliğe katkıda bulunmak, herkese açık demokratik bir yatırım olanağı, sunduğu diğer fırsatlar arasında yer alıyor.

Barındırdığı Riskler

Yasal düzenlemelerin ve bir merkezi otoritenin yokluğu ICO'ları dolandırıcılık ve sahtekârlığa açık hâle getiriyor. Sunulan projelerin bazılarının arkasında hiçbir gerçek teknoloji ya da iş modeli bulunmayabilir. Sadece yatırımcıların paralarını almak amacıyla 2017-18 yıllarında çok sayıda ICO ortaya çıkmış ve yatırımcılar büyük kayıplar yaşamıştır.

Birçok ülkede ICO'lara yönelik yasal çerçevenin belirsiz olması yatırımcıların korunmasında zorluklar yaratmaya devam ediyor. Spekülasyonlar ve piyasa balonları gerçek potansiyeli olmayan token'ler yaratmış durumda. ICO'lara olan ilginin 2018 yılından itibaren yaşanan olaylar nedeniyle yavaşladığı görülüyor. Başarısız projeler ICO'ların itibarını sarsmış görünüyor.

Yatırım yapmadan önce, yatırımcıların yüksek riskli ve oynak bir piyasada işlem yapacakları konusunda bilgilendirilmeleri, uyarılmaları ve eğitilmelerine ihtiyaç var.

Türkiye'deki Gelişimi

Kripto paralar ilk olarak Türkiye Cumhuriyet Merkez Bankası radarına girdi. 16 Nisan 2021 tarihli Resmî Gazetede "Ödemelerde Kripto Varlıkların Kullanılmamasına Dair Yönetmelik" yayımlandı. Yönetmelik kripto varlıkların tanımı, ödemelerde kullanım yasağı ve hizmet sağlayıcılara yönelik kısıtlamalar içeriyordu. Ödemelerde kullanım yasaklanırken, yatırım amaçlı alım satım işlemlerine ilişkin bir yasaklama yoktu.

Aralık 2024 tarihinde düzenlenen kanun değişiklikleriyle kripto varlık sağlayıcılarına ek düzenlemeler getirildi. Bu düzenlemeler kapsamında kripto varlık hizmet sağlayıcılarının kurulması ve faaliyete geçmesi için Sermaye Piyasası Kurulu'ndan (SPK) izin alınması şartı getirildi. Hizmet sağlayıcıların bilgi sistemleri ve teknoloji altyapılarının TÜBİTAK'ın belirleyeceği kriterlere uygun olması, müşterilerin elindeki varlıkların ayrı saklanması, varlıkların haciz ve rehinden muaf tutulması vb. temel kurallar ortaya kondu. Düzenlenen bu yasal çerçevenin SPK tarafından yönetmeliklerle desteklenmesi bekleniyor.

SPK tarafından yayımlanan "faaliyette bulunanlar listesi"ne 77 kuruluş (Aralık 2024) eklenmiş durumda. İzinsiz faaliyet gösteren platformlar da denetlenmeye başlanmış ve elliden fazla kripto para borsasının faaliyeti yasaklanmıştır. SPK'nın kripto varlık sağlayıcılarına yönelik ilke kararları da vardır.

Avrupa Birliği Düzenlemeleri

Avrupa Birliği (AB) tarafından, kripto varlık piyasalarını düzenlemek amacıyla "Kripto Varlık Piyasaları Tüzüğü" (MICA) düzenlenmiştir. MICA'nın 2024 yıl sonu itibarıyla tam olarak devreye girmesi bekleniyordu.

MICA ile finansal istikrarın sağlanması ve yatırımcıların korunması hedeflenmektedir. Kripto varlıkların suç amaçlı kullanımını önlemek için kara para aklama ve terörizmin finansmanıyla mücadele kapsamında yeni kurallar getirilmiştir. Kripto varlık hizmeti sunan platformların AB genelinde faaliyet gösterebilmeleri için lisans almaları gerekmektedir.

Kripto varlıkların vergi kaçırmada kullanılmasını engellemek için üye ülkeler arasında otomatik bilgi paylaşımı yapılacaktır. Kara Para Aklama ile Mücadele Kuralları (AML) çerçevesinde kripto varlık transferlerinde hem gönderici hem de alıcı bilgileri toplanarak izlenebilirlik sağlanacaktır.

ICO'ların Geleceği

Kripto paraların ihraç edilmesi, merkezi olmayan finansal sistemlerde kullanımını artırabilir. Akıllı kontratlarla desteklenen yeni projeler, daha şeffaf ve erişilebilir finansal çözümler sunabilir. Gayrimenkuller, sanat eserleri ve diğer varlıklar için kripto para ihraç edilmesiyle birlikte kripto paralar reel varlıklarla daha bütünleşmiş hâle gelebilir. Kripto paraların popüleritesine yanıt olarak, birçok ülkenin merkez bankasının kendi dijital para birimlerini geliştirmeye çalıştığı görülüyor.

Yeni düzenlemeler, sahte ve dolandırıcılık amaçlı ihraçları azaltabilir. Ancak diğer taraftan ülkeler arasındaki muhtemel farklı regülasyon politikaları, küresel çapta kripto para ihraçlarını zorlaştırabilir veya sınırlayabilir. Daha fazla şirket kendi kripto paralarını ihraç ederek marka bağlılığını artırabilir ve yeni iş modelleri oluşturabilir. Büyük teknoloji şirketleri ödeme sistemlerinde kendi token'lerini kullanabilir. Sanal dünyalar ve oyun içi ekonomilerde kullanılmak üzere ihraç edilen kripto paralar popülerleşebilir. Geleneksel bankacılık sistemlerini atlayan daha hızlı ve daha ucuz ödeme çözümleri sunulabilir.

Kripto paralar uzun vadede, geleneksel finansal sistemlerin bir parçası hâline gelebilecekleri gibi, daha niş bir alana sıkışmaları riski de bulunuyor. Kripto para ihraçlarının geleceğinin finansal teknolojideki gelişmelere, regülasyonlara ve piyasa dinamiklerine bağlı olarak şekillenmesi bekleniyor.

AKILLI YATIRIMCI SIRADAN YATIRIMCININ EL KİTABI

Akıllı Yatırımcı, tasarruf sahiplerine bireysel yatırımlarını nasıl yönetmeleri gerektiğini teoriden uzak, teknik detaylara girmeden ve yalın bir dilde anlatan bir başyapıt. 1949 yılında ilk yayımlanmasını takiben klasik olarak her beş yılda bir yeni düzenlemeleri yapılmış. Yazarı Benjamin Graham son olarak 1972 yılında dördüncü baskısını güncellemiş. Aradan geçen bu kadar zaman sonra bile önerilerinin hâlâ geçerli olduğu görülüyor. Zamana karşı koyan bu eserin amacını yazarı "sıradan insanlara uygun bir biçimde yatırım politikası benimseme ve uygulamasında rehberlik sağlamak" olarak açıklamış. Kitabın spekülatörlerden ayrı tutulan yatırımcılara yönelik olduğu özellikle belirtilmiş. Borsada alım- satım yapanlar için yazılmadığı da vurgulanmış.

Kitap yatırımcıların geniş kapsamlı finansal politikalarına hitap etmiyor. Yalnızca pazarlanabilir menkul kıymetler sınıfında olan hisse senedi, tahvil ve yatırım fonları ele alınmış. Bireysel hane halkı yatırımcısı için bu ürünlerin gerekli olmadığı da bir anlamda vurgulanmış.

Benjamin Graham'ın öğrencisi Warren Buffett ise bu öğretileri takip ederek dünyanın sayılı yatırımcıları arasına girmeyi başarmış.

Yatırım

Graham'a göre yatırım "Çok kapsamlı yapılan bir araştırmayı takiben, yatırılan anaparanın güvenliğini sağlayan ve onun üzerinde yeterli oranda bir getiri vaat eden bir işlemdir. Bu koşullara uymayan işlemler ise spekülatiftir."

Bu tanıma göre, kredi kullanarak hisse senedine yatırım yapan, profesyonel olmayan tüm bireyler, aslında spekülasyon yaparlar, brokerlerinin görevi de onlara bunu hatırlatmak olmalıdır. Popüler hisse senedi halka arzları da aynı şekilde bir spekülasyon aracıdır. Spekülasyon her zaman caziptir ve oyunu önde götürüyorsan eğlenceli de olabilir. Şansınızı denemek için sermayenizden küçük bir meblağı ayrı bir portföye koyun. Sırf piyasa yükseliyor diye bu hesaba para eklemeyin. Spekülatif işlemlerinizi ve yatırım işlemlerinizi aynı hesapta ve hatta düşüncelerinizde bile karıştırmayın.

Hisse senedi söz konusu olduğunda yatırım ve spekülasyon arasındaki ayırım önem kazanır. Borsalara düşen görev ağır spekülatif zararların yaşandığı dönemlerde bu ayırıma vurgu yapmak olmalıdır. Hisse senedi yatırımı vaat ettiği kazanç fırsatları yanında riskleri de beraberinde getirir.

Yatırımcı

Graham'a göre iki tür yatırımcı vardır. Defansif (pasif) yatırımcının en fazla önem verdiği husus önemli hata ve kayıplardan kaçınmaktır. Aynı zamanda herhangi bir çaba göstermek, sıkıntı yaşamak ve sık sık karar vermek zorunda kalmak istemez.

Atak (aktif) yatırımcının en belirleyici özelliği piyasayı yenmek arzusudur. Sağlam ve piyasa ortalamasının üzerinde getiri sağlayan menkul değerlerin seçimine zaman ve emek harcar. Gösterdiği bu çaba ve emek karşılığında pasif yatırımcının elde ettiğinden daha yüksek ve kayda değer bir ödül bekler.

Popüler olan aktif yatırım sanatında başarının temeli, gelecekte büyüme potansiyeli olan işkollarını bulmak ve bu işkollarında en fazla gelecek vaat eden şirketi belirleyebilmektir. Ancak bu seçim her zaman geçmişe dönük yorum yapıldığı kadar kolay değildir. Kayıtlar ise bize yatırım fonlarının tam gün çalışan profesyonel uzmanlarının dahi, gelecek tahminlerinde yanıldıklarını gösterir.

Yatırımcı Psikolojisi

Graham'a göre yatırımcının ana sorunu ve hatta kendisinin en büyük düşmanı muhtemelen kendisidir. Pasif yatırımcılar için hisse senedi piyasasının heyecan ve baştan çıkarmalarına karşı koymak giderek zorlanmaktadır. Yatırım kararları alırken hangi duygusal ve zihinsel davranış biçimlerini oluşturmaları gerektiği vurgulanarak onlara yardımcı olmak ise mümkün.

Mizaç olarak yatırım sürecine uygun yapıda olan sıradan insanların finans, muhasebe ve hisse senedi piyasası bilgisine sahip olan, ancak bu söz konusu nitelikten yoksun olan kişilere kıyasla, daha çok para kazandıkları görülür.

Akıllı yatırımcı sabırlı, disiplinli ve öğrenmeye hevesli olmak demektir. Ayrıca duygularını dizginlemesini ve kendisi için düşünmesi gerektiğini bilir. Bu tür bir zekâ beyinden çok bir karakter özelliğidir. Akıllı bir yatırımcı için yüksek IQ seviyesi yeterli değildir. Nobel Ödülü kazanmış bir ekonomist tarafından yönetilen Long Term Capital Management tahvil piyasasının normale döneceği iddiasıyla 2 milyar dolar para kaybetmiştir. Borç parayla yapılan bu hareket aynı zamanda finans sistemini de altüst etti.

Pasif Yatırımcı

Graham'a göre pasif yatırımcının portföyünün en az %25'inin hisse senedinde tutulması gerekir. Tahvil (yatırım fonu) ve hisse senedi iki ayrı yatırım aracıdır. Bu iki yatırım aracı arasında genel 50-50 dağılımı destekler. Yatırımcı hisse senedi piyasası tehlikeli bir ölçüde yükselmişse hisse senedi portföyünü %25'e düşürmeyi tercih edebilir. Tersine, piyasa fiyatlarındaki bir düşüşün hisse senetlerini giderek daha cazip hâle getirdiğini düşünüyorsa, hisse senedi portföyünü %75 maksimuma doğru yükseltebilir.

Pasif yatırımcı kendi hisse senedini yaratmanın alternatifi olarak iyi yapılandırılmış bir yatırım fonuna (endeks fonu) yatırım yapabilir. Birikimi önemli bir meblağda ise tanınmış bir yatırım danışmanlığı şirketinin hizmetlerinden faydalanabilir. Bu şekilde kendi yatırım programının profesyonel olarak yönetilmesini sağlar.

Her ay ya da her üç aylık dönemde, düzenli bir meblağı hisse senetlerine yatırabilir. Bu şekilde piyasa düşükken, piyasa yüksek olduğu zaman satın aldığından daha çok hisse senedi satın almış olur.

Aktif Yatırımcı

Graham'a göre agresif (aktif) yatırımcı, ortalamanın üzerinde sonuçlar almak için çaba gösterecektir. Bunun için piyasada alım satım yapmak, kısa vadeli hisse senedi seçmek, uzun vadede yüksek kazanç gösterme potansiyeli olan şirketleri araştırmak başlıca seçenekleri arasındadır. Aktif yatırımcılar piyasanın ne yaptığına pek fazla dikkat etmezler.

Gün içi işlemler finansal intihar için keşfedilmiş en iyi silahlardan biridir. Bazı alım satımlar para kazandırabilir, ne var ki çoğu zaman para kaybedecektir. Borsadaki aracınız ise her zaman para kazanacaktır. Kısa vadeli seçicilik borsanın ortak malıdır. Herkes zaten aynı bilgiye ulaşmış ve çoktan ciddi bir şekilde değerlendirmeye başlamıştır. Başkaları da bir şirket hakkındaki bu yılın sonuçları ya da yakın gelecekteki beklentilere göre davranmaktadır. Uzun vadeli hisse seçiminde fiyat ve değer arasındaki fark önem kazanır. İhmal edilmiş, bu nedenle fiyatı gerçek değerinin altında kalmış bir hisse senedine yatırım yapmak uzun süren sabır ve deneyim gerektirir. Ortalamanın üzerinde makul sonuçlar elde etme şansından yararlanmak için doğası gereği sağlam ve gelecek vaat eden, borsada popüler olmayan politikalar izlenmelidir.

Aranan getiri oranı yatırımcının uyguladığı akıllı çabanın miktarına dayanmalıdır. Azami getiri, azami akıl ve beceriyi kullanan dikkatli yatırımcı tarafından elde edilir. Kimsenin mezar taşında "*piyasayı yendi*" diye yazmaz.

Piyasa Dalgalanmaları

Kısa vadeli piyasa dalgalanmalarını tahmin etmek yerine, uzun vadede istikrarlı büyüme eğilimi olan yatırımlarla ilgilenmek gerekir. Borsada pek çok kişi tarafından takip edilen para yapacak her yaklaşım uzun sürmek için fazla yalın ve fazla kolaydır. Yatırımcı kalabalığı takip etmekten kaçınması için irade gücünü kullanmalıdır.

Hisse senedi sahibi bir yatırımcı yıllar içerisinde elinde tuttuklarının çoğunun en düşük noktalardan, söz gelimi %50 ya da daha yüksek bir oranda, değer kazanması ve sonra bu en yüksek noktadan buna eşdeğer üçte-bir, ya da fazla bir oranda düşmesi ihtimaline katlanmalıdır.

Genel kitlenin piyasa tahminlerinden para kazanacağını düşünmek saçmadır. Bu alanda çalışan çok fazla borsa analisti vardır. Ancak sayısız insanın yapmaya çalıştığından daha iyisini yapabilmek mantıksal ve deneyimsel bir temele dayanmaz.

Düşükten alıp yüksekten satma kuralı gerçekçi değildir. Bunun yerine mevcut hisse fiyatlarının kendi değerleme standartlarına göre daha az, ya da daha cazip oluşuna göre, portföyündeki hisse senetlerinin yatırım fonu (tahvil) oranında değişiklik yapmak daha mantıklıdır.

Bay Piyasa

Manik-depresif Bay Piyasa, (Mr. Market) her zaman hisse senedini bir eksperin ya da yatırımcının bir şirketi değerlendirdiği gibi değerlendirmez. Duygularına kapılıp hisse senetleri yükseldiği zaman güle oynaya gerçek değerlerinin üzerinde fiyat öder. Fiyatlar düşerken de hisseleri gerçek değerinin altında satacak kadar telaşa kapılır.

Bay piyasa her zaman ortalıktadır. Sizi faizler düştü diye kışkırtabilir, hızlı yükselen senetleri satın almaya ikna edebilir, panik hâlde satış yapmanıza neden olabilir. Ancak Bay Piyasa'nın görevi size fiyat sunmaktan ibarettir. Yatırımcının görevi ise bu fiyatın uygun olup olmadığına karar vermektir. Oysa sürekli yalvardığı için yatırımcı onunla iş yapmak zorunda değildir. Bay Piyasa'nın yatırımcıya hâkim olmasına izin verilmediği sürece sorun yoktur.

Graham, piyasayı her gün size farklı fiyatlar sunan "Bay Piyasa" metaforuyla açıklar. Piyasanın duygusal tepkiler verdiğini ve genellikle aşırı iyimserlik veya kötümserlik içinde olduğunu söyler. Yatırımcılar, Bay Piyasa'nın irrasyonel davranışlarını avantaja çevirmelidir.

Güvenlik Marjı

Güvenlik Marjı Benjamin Graham'ın Akıllı Yatırımcı kitabında en önemli ve temel kavramlardan biridir. Bu kavram, yatırımcıların, bir yatırım yaparken piyasa fiyatının, gerçek değerin altında olması gerektiğini savunur. Güvenlik marjı yatırımcıyı piyasa dalgalanmalarına, yanlış değerlendirmelere ve beklenmedik risklere karşı koruyan bir yastık işlevi görür.

Yatırımcı, bir şirketin ya da finansal aracın gerçek değerini hesaplamak için detaylı analiz yapmalıdır. Bu değer, şirketin gelecekteki nakit akışları, kâr potansiyeli, varlıkları ve diğer temel göstergelerle belirlenir. Eğer bir hisse senedi veya yatırım aracının piyasa fiyatı, gerçek değerinin altında satılıyorsa, o zaman bu yatırımda bir güvenlik marjı vardır. Yatırımcı, bu fırsatı daha düşük riskle değerlendirebilir.

Güvenlik marjı, yatırımcıya piyasa hatalarına karşı koruma sağlar. Örneğin, bir yatırımcının yanlış bir değerlendirme yaparak bir varlığın gerçek değerini düşük tahmin etmesi durumunda bile, güvenlik marjı bu riski bir ölçüde azaltır.

Yatırımcılar, hisse senedinin fiyatı ve gerçek değeri arasındaki farkı ne kadar büyükse, o kadar düşük riskli bir yatırım yapmış olurlar.

ŞİRKET BİRLEŞMELERİ İNORGANİK BÜYÜME VE GLOBALLEŞME

Birleşme (merger) iki veya daha fazla şirketin tek bir çatı altında toplanmasıdır. Devralma (acquisition) ise bir şirketin paylarının çoğunluğunun satın alınmasıdır. Finans sektörü bu iki uygulamayı bir arada kullanır. Birden fazla şirketin varlık ve yükümlülüklerini birleştirip ortak bir yolda faaliyetlerine devam etmeleridir. Şirketler birleşmeye katılan şirketlerden birisinin bünyesinde, ya da yeni kuracakları bir şirket bünyesinde bir araya gelir. Ekonomik ve hukuksal açıdan bir bütün hâline gelinmiş olunur.

Günümüzde küreselleşmenin etkisiyle global pazarlara girebilme ve uluslararası alanda var olabilmek giderek önem kazanıyor. Çok uluslu şirketlerin yaşama şansları artarken, küçük ve orta ölçekli yerel firmalar için tam tersi bir ortam söz konusu. Yaşanan yoğun rekabet ortamında ayakta kalabilmek için global piyasa koşullarına uymak gerekiyor. Küreselleşme serbest rekabet ortamını artırarak farklı coğrafyalara açılmayı teşvik ediyor.

Ortaklık Modelleri

Stratejik ortaklık, bir firmanın pazar payını artırma, müşteri kitlesini büyütme ve yeni coğrafyalara açılma ve benzeri nedenlerden dolayı aynı sektörde faaliyet gösteren başka bir firmayla birleşmesidir. Bu tür ortaklıklar genelde kendileriyle benzer işi yapan yerli ya da yabancı firmalardır. Birleşilen firma hammadde vb. benzeri girdilerin tedarikçisi olabileceği gibi üretim sonrası pazarlama, satış vb. destek veren bir iş ortağı da olabilir. Genel hedef uzun vadeli büyüme, sektörde söz sahibi olmak ve şirketin faaliyetini büyüyerek devam ettirmesidir.

Finansal ortaklık stratejik ortaklığa kıyasla daha riskli ve daha kısa vadeli bir işlemdir. Risk sermayesi, girişim sermayesi, geriye dönüşüm sermayesi (turnaround), sorunlu borç yapılandırma (distressed) ve benzeri özel girişim sermayesi fonları yatırımlarını en kısa sürede en yüksek getiriyle nakde dönüştürmek isterler. Yatırımlarının süresi genelde 5 yılı geçmez. Yatırım yapılan firmanın uzun dönemde hayatına devam etmesi gündemlerinde yoktur. Genelde firma hisselerini teminat gösterip borçlanırlar. Kaldıraç kullanılarak sağlanan bu kaynağın maliyeti firmanın sırtına yüklenir. Hemen hiç para koymayıp tamamen borç parayla gerçekleşen çok sayıda kamu özelleştirme projesi vardır.

Birleşme Türleri

Yatay birleşme (diversification) genelde aynı sektörde yer alan birden fazla şirketin birleşmesidir. Aynı endüstri kolunda birleşen şirketler pazar paylarını artırarak pazarda söz sahibi olmak ister. Rekabet hâlindeki firmaların birleşmesi tekelleşmeye yönelik atılan bir adım olabilir.

Dikey birleşme, (vertical integration) üretim aşamasında gerekli desteği veren tedarikçi firmalar (geriye dönük) ya da mal ve hizmetin pazarlanmasını / satışını yapan firmalar (ileriye dönük) ile birleşmedir. Üretim ya da satış aşamalarının tek bir çatı altında toplanmasının, başta maliyetlerin azaltılması olmak üzere, olası sinerjilerinden faydalanmak amaçlanır.

Türdeş (concentric) birleşme, aynı tedarik zinciri içinde yer almayan, müşteri ilişkisi olmayan, ancak üretim süreci, pazar payı, tedarik zinciri ya da teknoloji açısından aralarında ilişki olan firmaların birleşmesidir. Sektörde büyüme amaçlanır.

Aykırı birleşme (conglomerate, holding) farklı sektörlerde faaliyet gösteren firmalar riskin dağıtılması amacıyla tek bir çatı altında toplanır.

Düşmanca birleşme, (hostile takeover) bir firmanın çoğunluk hisselerinin borsa kanalıyla ya da başka yöntemlerle satın alınıp yönetimin devralınmasıdır.

Reverse merger bir borsa şirketini devralıp kısa yoldan halka açılmaktır.

Birleşme Nedenleri

İnorganik yolla daha hızlı büyüme isteği, özelleştirme, vergi avantajlarından faydalanma, hisselerin pazar değerini artırmak, fon sağlama kolaylığı, şirket sahiplerinin kazancını artırmak, sermaye yapısını güçlendirmek, yeni projelerin maliyetini düşürmek, ölçek ekonomilerinden faydalanmak, artması olası serbest nakit akımları, yeni kaynak ihtiyacını borç bulmak yerine birleşme yoluyla sağlamaya çalışmak, pazar payını artırmak, pazarı ele geçirmek, pazara hükmetmek, teknolojik gelişmelere ayak uydurabilmek, patent, lisans, kaliteli ve yetenekli yöneticiler/çalışanlar benzeri maddi olmayan varlıklara ulaşmak, değeri düşük kalmış bir firmayı kelepir fiyattan devralmak, marka sadakatini kullanmak, mevcut müşteri kitlesini bünyeye katmak, yöneticilerin ve hissedarların kişisel hırs benzeri psikolojik durumları, başka şirketlerin güçlü yönlerinden uzmanlık ve yeteneklerinden faydalanmak, farklı coğrafyalara açılmak, işlem maliyetini azaltmak, kaliteli ve uygun fiyatlı hammadde temini, küreselleşmenin etkisi ile oluşan yeni fırsatları değerlendirmek, olası tehditleri bertaraf etmek.

Uygulamada sayılamayacak kadar çok sayıda gerekçenin var olduğu görülüyor. Sonuç olarak her birleşme stratejisinin kendine has özel bir hedefi olduğunu söylememiz mümkün.

Uygulamada Yaşanan Sorunlar

Finansal yatırımcının birleşme sonrası şirketi borç içinde bırakıp kaçması, maliyetleri indirmek adına nitelikli personelin ve başarılı yöneticilerin işlerine son verilmesi ve zorunlu yatırımların kısa vadeli kârlılığı korumak adına ertelenmesine çok sık rastlanır.

Çakışan şirket kültürleri entegrasyon sürecinde kendini gösterir. Çalışanların yeni duruma alışma zorluğu, direniş göstermeleri, yeni çalışma alanına adaptasyon sorunları ve yeni beklentiler içinde olmaları birleşmeler üzerinde olumsuz etki oluşturur.

Birleşme stratejilerinin ve gerekçelerinin net ve açık olarak saptanması, belirlenmesi ve bunlara göre hedeflerin ortaya konması gerekir. Hedefler saptanırken güçlü ve zayıf yönler, üst yönetimin yetkinliği ve rekabet edebilme yetenekleri dikkate alınmalıdır.

Kurumsallaşma adımlarında geride kalmış, patronun tek başına yönettiği şirketlerde birleşme sonrası doğal olarak sorunlar yaşanır. Bu tür şirketlerde yönetim kurulu kâğıt üstündedir, üst yönetime verilen talimatlar yazılı değildir, hedef ve stratejiler belli değildir.

Şirket içi iletişimde yaşanan aksaklıklar birleşme sonrasında büyük sorun yaratabilir. Çalışanların ve müşterilerin gelişmelerden ve yapılan değişikliklerden en kısa zamanda haberdar olması gerekir.

Yatırım Bankacısının Rolü

Birleşme projelerinin deneyimli yatırım bankacıları tarafından yönetilmesi gerekli ön koşuldur. Birleşmenin planlanması, firma seçimi, görüşmelerin yapılması ve sonuçlanması temel aşamalardır. Proje yöneticisi olan yatırım bankacısı gerekli gördüğü taktirde konusunda uzman iş ortaklarını devreye sokarak proje ekibine dâhil eder.

Yasal süreçlerin takibi için bir hukuk firması, değerleme için bir uzman, vergi yükümlülüklerinin tespiti için bir vergi danışmanı, finansal analiz için bir bağımsız denetim firması seçimi tipik proje ortakları arasındadır. Proje yöneticisi bu ekibin görevlerini yerine getirmesinden sorumludur.

Yatırım bankacısı satış tarafında görev alıyorsa bir tanıtım kitapçığı hazırlar. Potansiyel alıcılara gönderir. İlgi gösteren şirketleri analiz eder, kısa listeye giren adaylardan niyet mektubu ister. Gizlilik sözleşmesi imzalayan adaylarla şirket hakkında gerekli bilgileri paylaşır. Müzakere, mutabakat şartlarının tespiti ve sözleşme aşamalarını yönetir.

Birleşme sonrası bağımsız yönetim kurulu danışmanı / üyesi olarak yeni yapılanmada görev alarak desteğini sürdürür.

Due Diligence

Hedef şirketin incelenmesinde due diligence işlemi önemli bir yere sahiptir. Sözlük anlamı basiretli, dikkatli, sürekli ve özenli faaliyet ve davranış olarak geçer. Devir alınacak şirketin genel durumu hakkında detaylı ve sistematik veri analizi yapılması, ayrıntılı ve özel olarak incelenmesi anlamında kullanılır.

Devir alma işleminin şirkete ve hissedarlara ne gibi faydalar sağlayacağı araştırılır. Piyasa ve sektör trendleri gözden geçirilerek şirketin operasyonel ve finansal performansının ön değerlendirmesi yapılır. Sektördeki konumu, bu konumun birleşme sonrası nasıl iyileştirileceği hesaplanır. Geleceğe yönelik potansiyel fırsatlar ve şirketin değerini negatif yönde etkileyebilecek konular değerlendirilir. Zamanlama programlanır ve tüm bu çalışmalar için profesyonel bir danışmandan destek alınır.

Finansal due diligence şirketin geçmiş performansını ve rekabet durumunu finansal veriler yoluyla detaylı analiz edip, hedef şirketin kârlılık durumu, malvarlıklarının aktüel ve tarihi incelemesini yapar. Vergisel, hukuksal, teknik, çevresel ve insan kaynaklarına yönelik detaylı incelemelerde söz konusudur.

Türkiye'de Birleşme Faaliyetleri

Tarihsel süreçte 1980 sonrası ekonomideki liberalleşme hareketlerinin bir parçası olarak özelleştirme projelerinin devreye girmeye başladığını görüyoruz. Özelleştirme İdaresi Başkanlığı bu dönemde ihaleler açarak global yatırım bankalarının, bağımsız denetim firmalarının ve yeni kurulan yerli yatırım bankacılığı departmanlarının kurduğu konsorsiyumlar vasıtasıyla Turban, Sümerbank, Petkim benzeri dev boyutlu kamu iktisadi kuruluşlarının özelleştirmesi çalışmalarını yürüttü. Yine bu dönemde Teletaş hisselerinin halka arzı sermaye piyasasının gelişmesine çok önemli katkıda bulundu. 2000'li yıllara gelindiğinde ise ahbap çavuş yöntemiyle devir almaların öne çıkmaya başladığı görülüyor.

Türkiye'de şirket birleşme ekosisteminin henüz gelişemediği rakamlara yansıyor. Birleşmeleri finanse edecek kaynak yokluğu, finansal ve hukuki yapı eksikliği, şirketlerin çoğunda çağdaş yönetim anlayışının olmaması, kurumsallaşmadan uzak yönetim tarzı, sermaye piyasasının yeterli çıkış stratejilerinin uygulanmasına izin verecek boyutta olmaması, makro ekonomik istikrar yokluğu ve en önemlisi yüksek enflasyon ortamı geleceğin planlanmasını erteliyor.

Gelecek Beklentileri

Türkiye'de şirket birleşmelerinin sayısının artmasının kısaca bahsedilen engellerin ortadan kalkmasına bağlı olduğu görülüyor. Bu dış etkenlerin dışında kurucuların iş yapış biçimlerinin ve ortaklık kültürlerinin küreselleşmeye ayak uydurması gerekiyor. Patronların şirketleriyle olan gönül bağlılıkları, aile şirketlerinin bir sonraki kuşakta ne olacağının belli olmaması, şirketlerin değerlerini yüksek tutma eğilimi inorganik büyüme önündeki ilave engeller olarak ortaya çıkıyor.

Dünya geneline bakıldığında ise M&A işlemlerinde başarısızlık, genellikle yeterli ön araştırma yapılmamasından veya hızlı karar alınmasından kaynaklandığı görülüyor. Kültürel uyumsuzluklar, regülatif engeller ve yanlış değerlemeler gibi faktörler bu sektörün büyümesine engel oluyor.

YATIRIM BANKACILIĞININ GELECEĞİ: 2008 KRİZİ SONRASI YAŞANAN GELİŞMELER

Global Piyasalar

2008 krizi sonrası yapılan yeni düzenlemelerle birlikte ABD kökenli global yatırım bankalarının kendi nam ve hesapları adına alım satım yapmalarına önemli kısıtlamalar ve sermaye artırımı şartları getirildi. Lehman Brothers ve Bear Sterns'in çöküşü ve takip eden küresel kriz sonrası yatırım bankaları iş yapış modellerini değiştirmek zorunda kaldılar. Azalan gelirler, kâr getirmeyen faaliyetlerin küçülmesine ya da tamamen kapatılmasına neden oldu.

Halka arz cephesinde, alternatif ürünler ortaya çıkmaya başladı. Herhangi bir yatırım bankası desteği olmadan, doğrudan borsada satış yöntemiyle şirketler kendi başlarına borsaya kote olmaya başladı. Nisan 2018 tarihinde Spotify'ın doğrudan halka satışı (direct public offering) başarılı bir örnek teşkil etti. Teknolojik gelişmelerin desteği bu başarıda önemli rol oynadı.

2008 öncesi global yatırım bankalarının en önemli gelir kaynağının halka arzlardan alınan komisyonlar olduğu görülüyor. Güçlü teknoloji şirketleri halka arz komisyonlarını %3-7 düzeyinden %1,1 düzeyine çekmiş durumda (Facebook). Goldman Sachs halka arz işlemlerinin otomasyonu üzerinde yazılım çalışmaları yürütüyor. Bu şekilde personel giderlerinden tasarruf edilmesi planlanıyor. Start-up aşamasındaki teknoloji firmaları halka arz yerine özel sermaye fonlamasını tercih ediyorlar. Yatırım fonları bu firmalara önemli kaynak aktarıyor.

Gelişen teknolojiyle birlikte dünyada artık firmalar yatırım bankası yardımı olmadan birleşme ve devralma projesi sonlandırabiliyor. Axial Networks benzeri platformlar start-up firmalarını potansiyel alıcılarla birleştiren önemli algoritmalara ve networke sahip. Bu platformlar çok daha ucuza hizmet verirken, aynı zamanda tek bir bankanın networkü ile kısıtlanmaları söz konusu olmuyor.

Bir taraftan danışmanlık yaparken, diğer taraftan, aynı şirketin hisselerinde kendi nam ve hesaplarına alım- satım yapan büyük yatırım bankaları artık çıkar çatışması (conflict of interest) şüphesiyle gözden düşmeye başladı. Yalnızca danışmanlık hizmeti veren butik bankaların birleşme ve satın alma sektöründe pazar paylarını artırdıkları görülüyor.

Varlık yönetimi ürününde yeni aktörlerin ortaya çıktığını görüyoruz. 2008 krizi sonrası yalnızca fon yönetimi yapan şirketler popüler oldu. Bu şirketler bireysel yatırımcılar ve yatırım fonu yöneticileri için cazip hâle geldi. Yatırımcılar düşük işlem ücreti ve maliyeti olan borsa endeks fonlarına yönelmiş durumda. Global yatırım bankaları ise yüksek gelir düzeyine sahip müşterilerine özel bankacılık hizmetine yoğunlaşıyor.

Mobil telefonlara kolayca indirilen kişisel finans aplikasyonları hisse senedi, yatırım fonları gibi enstrümanlarla anında işlem yapmaya fırsat veriyor. Robo danışmanların ülkemizde de büyük bankalar tarafından uygulanmaya koyulduğunu görüyoruz.

Yatırım bankası müşterilerine şirketler, menkul kıymetler ve piyasalar hakkında rapor üreten araştırma raporu sektörü son on yılda sürekli küçülme yaşıyor. 2018 yılında Avrupa Komisyonu tarafından yayınlanan bir yönerge (MIFID II) yatırım bankalarını araştırma raporlarını ayrı bir ürün olarak fiyatlandırıp satmaya zorladı. Araştırma raporlarının alım satım işlemlerinden ayrı tutulması birçok finans kuruluşunun bu hizmetten vazgeçmesiyle sonuçlandı. İlave olarak, gelişen yeni teknolojiler bilgisayarların araştırma raporlarının yazılmasında otomasyonun devreye girmesini sağladı (natural language processing). Yatırım fonları ve emeklilik şirketleri benzeri alım tarafında faaliyet gösteren kurumlar ise kendi araştırma birimlerini kurmaya başladı.

Satış ve trading departmanları kriz sonrası ortaya çıkan yeni yasal düzenlemeler ve teknolojiye ayak uydurmak zorunda kaldı. Kendi nam ve hesaplarına işlem yapmaları yasaklanan bankalar, artık müşterilere yaptıkları işlemler üzerinde aldıkları komisyonlarla yetinmek zorunda kalıyor. Gelişen teknolojiyle birlikte otomatik alım satım kararları veren trading platformları ve bilgisayarlar yatırım bankalarının yerini almaya başlıyor.

Yatırım bankaları bütün bu gelişmeler karşısında artık teknoloji yatırımlarına ağırlık vermek zorunda. Hemen her gün mobil telefonlara yüklenen yeni uygulamalar ile menkul kıymet alım satım aracılık işlemleri önemini kaybeden ilk ürün olarak göze çarpıyor. Yatırım bankacılığı faaliyet alanlarının gelişen teknolojiyle birlikte, zaman içinde azalacağına artık kesin gözüyle bakılıyor.

Ancak, varlık yönetimi, yapılandırma ve benzeri finansal mühendislik, uzmanlık ve kişisel deneyim gerektiren danışmanlık hizmetlerine her zaman ihtiyaç olacak. Teknoloji karşısında insan deneyimi ve muhakeme yeteneği vazgeçilmez olmaya devam edecek. Bu nedenle, yatırım bankaları insan kaynaklarına verdikleri önem, çalışan motivasyonu, eğitimi, adil performans değerlendirme ve kurumsal yönetişim ilkelerini uyguladıkları oranda varlıklarını sürdürebilecek.

Yeşil Finans ve ESG Teknolojileri çevresel, sosyal ve yönetişim (ESG) kriterleri, yeni ürün ve hizmetlerin geliştirilmesinde büyük bir etkiye sahip. Bankalar, sürdürülebilir yatırımları finanse etmek için Blokzincir ve yapay zekâ gibi teknolojilerle uyumlu araçlar geliştirmeye odaklanıyor.

Ülkemizde Durum

Yatırım bankacılığının ülkemizde gelişebilmesi için sermaye piyasasının yeterli büyüklüğe gelmesi gerekiyor. Talep tarafında kurumsal yatırımcıların payı hisse senedi piyasasında düşük seyretmeye devam ediyor. Kurumsal yatırımcılar arasında en önemli potansiyel kalemi sigorta şirketleri oluşturuyor. Gelişmiş piyasalarda sigorta şirketleri topladıkları primlerin önemli bir kısmını devlet borç senedi dışındaki menkul kıymetlere yönlendirebiliyor. Türkiye'de sigorta sektörünün büyümesi için DASK, BES, TARSİM benzeri yeni sigorta ürünlerinin geliştirilmesi, bunun içinde yeni yasal düzenlemelerin yapılmasında büyük faydalar var.

Borsada geçmişte defalarca küstürülen, uzun vadeli bakış açısına sahip, banka mevduatına alternatif arayan bireysel hisse senedi yatırımcı sayısının (hane halkı) artırılması için borsa endeks fonları ideal bir yatırım aracı olarak karşımıza çıkıyor. Endeks fonlarının vadeli banka mevduatının yanında ilave bir yatırım aracı olarak artık mobil telefonlar üzerinden alınıp satılabilmesi sevindirici bir gelişme. Borsa endeks fonlarının geniş kitlelere tanıtılabilmesi ve bu sektörün büyümesi için yoğun çabaya gerek var.

Ülkemizdeki yatırım banka sermayelerinin gelişmiş piyasalara kıyasla çok düşük kaldığını görüyoruz. Büyük çaplı menkul kıymet yatırımı ya da proje finansmanı işlemi yapabilecek yeterli öz kaynakları yok. Aracı kurumlar ile yatırım bankaları arasında sermaye piyasası işlemleri olarak büyük benzerlikler söz konusu. Halka arza aracılık, birleşme ve devralma işlemleri, yatırım ve finansal danışmanlığı yetki belgesine sahip aracı kurumlar tarafından da yapılabilmekte. Diğer taraftan, yatırım bankalarının hisse senedi piyasalarında işlem yapmaları ise yasak. Borsada alıma ve satıma aracılık yetki belgesi alamıyorlar. İkincil piyasalarda varlık gösteremedikleri için aracı kurumlar ile rekabet edemiyorlar.

Aracı kurumların yatırım bankaları ile birleşmeye çalışarak öz kaynakları kuvvetli sermaye piyasası kurumları olabilmeleri için yasal düzenlemeler gerekiyor. Sektörde büyük bilançolara sahip finans kuruluşlarının var olması, ülkemizde sermaye piyasalarının gelişmesi için önem taşıyor. Sürdürülebilir ve istikrarlı bir yatırım ortamı yaratmak, stratejik yurtdışı yatırımların artması için gerekli ön koşuldur.

Para politikalarının ve TCMB'nin bağımsız hareket edebilmesi ve ülke ekonomisinin daha dikkatli yönetimiyle, enflasyon ve döviz kuru oranlarının istikrarlı seyretmesi mümkün olacak ve yatırımların, dolayısıyla sermaye piyasalarının önü açılacaktır.

Yeni Teknolojiler

Yapay Zekâ ve Makine Öğrenimi: Yapay zekâ, piyasa verilerini analiz ederek ve optimum portföy dağılımı önerileri sunarak Akıllı Portföy Yönetimi dönemi başlatmış durumda. Piyasa Tahmini Makine Öğrenimi Modelleri, piyasa hareketlerini tahmin ederek alım-satım kararlarını daha hızlı ve etkili bir şekilde yönlendiriyor. Yapay zekâ haberler, sosyal medya ve finansal raporlar üzerinden Duygu Analizi yaparak piyasa trendleri öngörebiliyor. Yapay zekâ, potansiyel yatırımcıları belirlemek için Veri Analizi yapabiliyor.

Halka Arzlar: Yapay zekâ, piyasa trendlerini analiz ederek halka arz fiyatlarını ve zamanlamasını optimize edebiliyor. Yapay zekâ ve algoritmalar, şirket değerlemesi ve hisse fiyatlaması süreçlerinde daha doğru ve objektif analizler yaparak insan hatasını minimize edebiliyor.

Bulut Tabanlı Çözümler: Halka arz süreçlerinde verilerin daha hızlı işlenmesini ve paylaşılmasını sağlayacak. Tüm taraflar (şirketler, regülatörler, yatırımcılar) aynı anda verilere erişebilecek, bilgi güvenliğini artıracak.

Blokzincir ve Akıllı Sözleşmeler: Merkeziyetsiz yapısı sayesinde, işlem süreçlerini hızlandırıp maliyetleri düşürebiliyor. Özellikle menkul kıymetlerin takas ve saklama işlemlerinde aracıyı ortadan kaldırabilir. Akıllı Sözleşmeler yatırım bankacılığında sözleşme süreçlerini otomatikleştirerek hataları azaltıp, işlemleri hızlandıracak.

Dijital ve Kripto Varlıklar: Dijital Menkul Kıymetler ihracı sayesinde, gayrimenkuller veya özel sermaye fonları gibi varlıklar kolayca likit hâle getirilebilecek.

Kripto Yatırımlar: Yatırım bankaları, kripto varlıklar, kripto para halka arzları ve merkeziyetsiz finans alanında daha fazla hizmet sunarak yeni nesil finansal ürünlere uyum sağlayacak.

NLP Teknolojileri: Analistlerin büyük miktarda yapılandırılmamış veriyi (haberler, finansal raporlar, sosyal medya içerikleri) analiz etmesine yardımcı olacak. Daha hızlı ve bilgiye dayalı yatırım kararları alınabilecek.

Açık Bankacılık: Bankaların API'ler aracılığıyla üçüncü taraflarla veri paylaşmasını sağlayan açık bankacılık, müşteri deneyimini iyileştiren ve yeni hizmetler sunmayı mümkün kılıyor ve yatırım bankalarının daha fazla iş birliği yapmasını sağlıyor.

Sanal ve Artırılmış Gerçeklik (VR/AR): Yatırımcı toplantıları, portföy sunumları ve risk analizleri gibi alanlarda VR/AR teknolojileri, daha zengin ve etkileşimli deneyimler sunuyor.

Yatırım bankalarının artık Fintech eko sistemindeki gelişmeleri yakından takip etmeleri, kripto para halka arzları, kitle fonlaması, akıllı sözleşmelerin uygulamaya geçirilmesi konularında gündemi ve piyasadaki gelişmeleri yakından takip etmeleri önem taşıyor. En önemli varlıkları olan insan kaynaklarının eğitimi, motivasyonu ve performans değerlendirme sistemlerinin üzerinde daha fazla kafa yormaları gerekiyor.

KENT EKONOMİSİ
ŞEHİRLERİN GELİŞİMİ VE GELECEĞİ

Kentlerin Var Olma Nedenleri

İnsanlar belirli ihtiyaçlarını karşılamak, daha verimli bir yaşam sürdürmek ve ortak hedefler doğrultusunda iş birliği yapmak için kentleri inşa etmişlerdir. İnsanlar kendi kendilerine yetebilir değildir. İhtiyaçlarını karşılamak için zaman içinde üretim ve değişim sistemleri geliştirmişlerdir.

Kentlerin var olmasının temel ekonomik nedenlerinin başında üretim ve ticaret gelir. Kırsal kesimde tarımla uğraşanlar kendi ihtiyaçlarından daha fazla üretim düzeyine ulaşınca, kentte yaşayanlara da yetecek kadar tarımsal artı ürün ortaya çıkmıştır. Kentlerde tarım dışı uzmanlaşma ve iş bölümü gelişince insanlar üretim ve değiş tokuşu kolaylaştırmak için bir araya gelmişlerdir. Şehirler üreticiler ve tüketiciler arasında bir pazar oluşturarak mal ve hizmetlerin değişimini kolaylaştırmıştır.

Güvenlik, dayanışma, sosyal destek, kültür ve sanat, eğitim ve bilgi paylaşımı, savunma, sosyal düzeni sağlayan hukuk ve yönetim, doğal kaynaklar, altyapı hizmetleri, teknolojik yenilikler, ulaşım ve lojistik imkânları, siyasi ve idari merkez ve kültürel ve dini faaliyetler, ekonomik nedenlerin dışındaki nedenler olarak özetlenebilir. Sonuç olarak şehirler insan yaşamının merkezi konumundadır.

Tarihsel Süreç

Sanayi öncesi dönemde kentlerin tarım ekonomisine dayalı toplumlar tarafından ticaret yollarının kesiştiği noktalarda, ya da savunma açısından güçlü konuma sahip yerlerde kurulduğu görülüyor. Eski çağlarda şehirler birer kültür, ticaret ve yönetim merkeziydi.

Sanayi devrimiyle birlikte 18. ve 19. yüzyıllarda sanayi şehirlerinin ortaya çıktığı görülüyor. Tarım sektöründe boşa çıkan işgücü, fabrikalarda çalışmak üzere şehirlere göç etmeye başladı. Ulaşım ağlarının gelişmesiyle şehirler ticaret merkezi hâline geldi.

20. yüzyılda küreselleşme, serbest ticaret ve sermayenin serbest dolaşımı hizmet sektörünün büyümesine ve şehirlerin ekonomik yapılarının değişmesine yol açtı. Hızlı kentleşme sonucu 1950'li yıllarda dünya nüfusunun %30'u şehirlerde yaşarken, 2020'li yılların başında bu oran %55'in üzerine çıktı. 2023 sonu itibarıyla %75'e ulaştığı tahmin ediliyor.

21. Yüzyılda şehirler küresel ticaret ağlarının birer halkası olmaya başladı. Belli başlı kentler uluslararası lojistik ve ticaret merkezleri olarak öne çıktı. Teknolojik gelişmeler ile birlikte akıllı şehirler, çevresel ve sosyal sürdürülebilirlik kavramlarıyla trafik, gürültü, çevre kirliliği, kentsel dönüşüm benzeri devasa sorunlarla başa çıkmak için kentlerde yoğun çaba harcanıyor.

Kent Ekonomisi

Kent ekonomisi kentsel araziyi farklı kullanımlar arasında dağıtan piyasayı, arazi değerlerini, arazi kullanımını, arz ve talebin özelliklerini mikro ekonomik modellerle analiz eder. Ekonomi dalı kıt kaynakların etkin kullanımıyla ilgilenir. Kentsel açıdan bu kıt kaynaklar mal ve hizmet üretimi için birleştirilen arazi, işgücü ve sermayedir. Kentsel planlama sürecinde ekonomik sorunlarla karşılaşıldığında mevcut ekonomi bilgisi önemli katkılar sağlar.

Kent ekonomisi neden çok sayıda kent vardır? Kentler neden farklı büyüklüktedir? Kentlerin fonksiyonları neden farklıdır? sorularına ekonomik modeller yardımıyla cevap bulunmaya çalışır. Arz-talep dengesi, fayda-maliyet analizi ve ölçek ekonomileri kentsel ekonominin kullandığı temel ekonomik değişkenlerdir.

Şehirlerin ekonomik yapısını etkileyen faktörler arasında arazi kullanımı, maliyetler, ekonomik büyüme, ulaşım ve altyapı, yoksulluk, eşitsizlik, göçler, yerel yönetimler ve konut politikaları yer alıyor.

Tarihsel süreçte kentsel ekonomi 1960'lı yıllardan itibaren tanınabilir bir alan hâline gelmiştir. Ayrı bir disiplin olarak ortaya çıkması, Amerika'da yaşanan trafik sıkışıklığı ve diğer olayların artmasıyla ortaya çıkmıştır.

Ölçek Ekonomileri

Bir coğrafi bölgede üretimde fırsat maliyetlerinin düşük olması karşılaştırmalı üstünlük yaratır ve o bölgede uzmanlaşma ortaya çıkar. Değişim ve ticarette ölçek ekonomilerinin var olması durumunda da bölgeye ticaret firmaları gelmeye başlar. Daha fazla düşen işlem maliyetleri nedeniyle, hane halkları değişim işini ticaret firmalarına bırakır. Ticaret firmaları ölçek ekonomilerinden tam olarak faydalanabilmek için ise ulaşım bağlantılarının kesiştiği noktalarda, ya da liman çevresi benzeri yerlerde konumlanır.

Ticaret faaliyetleri mali danışmanlık, hukuk, sigortacılık, bankacılık, gibi ticaret faaliyetlerini destekleyen hizmetleri de beraberinde getirir. Birbirine yakın olmak isteyen bu hizmetler arazi fiyatlarını yükseltir. Maliyetleri azaltmak için daha küçük mekânlara geçilir. Sonuç olarak yüksek yoğunluklu kent oluşur.

Üretimdeki ölçek ekonomileri aynı zamanda sanayi kentlerini ortaya çıkarır. Fabrikalar bölünmez girdi ve uzmanlaşmış işgücü kullanarak yüksek meblağlarda üretim yapar, birim maliyetler düşer. Çalışanlar ulaşım maliyetlerini azaltmak için fabrikaya yakın yerlerde yaşamayı seçerler. Arazi için rekabet, arazi fiyatlarını yükseltir. Arazi maliyetlerinin azaltılması çabaları, yoğunlaşmaya sahip yerleşim yerlerini (sanayi kentleri) oluşturur.

Yığılma Ekonomileri

Ekonomik faaliyetlerin bir araya toplanması diğer işletmeleri de bölgeye çeker. Bu yığılma süreci mal ve hizmet tedarikini daha ucuzlatır. İşletmeler birbirlerine yakın konumlanmaya başlar ve yığılma ekonomisi oluşur.

Yığılma ekonomileri kamu hizmetlerinin kentlerde daha kapsamlı olmasını sağlar. Teknik ve sosyal altyapı tesis maliyetleri artan nüfus ile kişi başına maliyetleri azaltır. Rakip işletmeler ara mal üreten bir işletmeyi paylaşmak için bu işletmenin etrafında toplanır ve girdi paylaşımı yapılır.

İşgücü havuzunun varlığı, ihtiyaç duyulan niteliklere sahip işgücünü arama ve bulma sürecini kolaylaştırır, kısaltır ve işlem maliyetlerini düşürür.

Eşleşme, yığılma ekonomilerinin farklı bir işlevidir. İşçi, işveren, alıcı, tedarikçi ve diğer iş ortakları arasında uygun eşleşme fırsatlarının varlığı maliyet azaltıcı etki yaratır.

Kentlerde çok sayıda insan bir araya geldiği için öğrenme kolaylaşır. Bilginin üretimi, iletimi ve birikimi teknolojik yenilikleri ortaya çıkarır, mekânsal yakınlık birim maliyetlerini azaltır.

Kentlerde Yer Seçimi

Kentsel ekonominin temel sorunları arasında yer seçimi vardır. İşletmeler ve hane halklarının ihtiyaçları yer seçiminde farklılık gösterir. Mikro ekonomi dalı, yer seçim kuramı üzerine çeşitli modeller geliştirerek, karar birimlerinin konum tercihlerini ele alır ve faaliyetleri mekân üstünde dağıtmaya çalışır.

İşletmelerin tercihlerinin başında taşıma maliyetleri gelir. Karar sürecinde yerel girdiler ve yerel talep ile taşınabilir girdiler ve taşınabilir talep faktörleri incelenir. Taşıma maliyetlerinin görece daha düşük olduğu konum yerleri tercih edilir. Girdi maliyetleri, ürün taşıma maliyetleriyle karşılaştırılır. Ürün taşıma maliyetinin daha yüksek olduğu durumlarda, işletmeler pazarın ve müşterinin yakınında yer seçer.

Konut alanları kentsel arazi kullanım türlerinin başında yer alır. Hane halkı yer seçiminde bütçesinin sınırları içinde en yüksek faydayı sağlamaya çalışır. Bu düzeye nerede ve nasıl ulaşacağını hesaplamaya çalışır.

Konut fiyatları ve kiralar, işyerine yakınlık, iş olanakları, toplu taşıma erişimi, yol ağı ve ulaşım kolaylığı, okullar ve eğitim kurumlarının konumu, sağlık hizmetleri, güvenlik, çevresel faktörler, altyapı, kültürel ve sosyal etkinlikler, kentsel dönüşüm benzeri faktörler hane halklarının yer seçiminde rol oynar.

Türkiye'de Kentleşme

Sanayi öncesi Cumhuriyet'in ilk yıllarında tarıma dayalı ekonomik yapıdan bir geçiş olarak sanayi adımları atılmaya başlandı. Devletçi politikalarla şehirlerde kamu eliyle fabrika ve altyapı yatırımları yapıldı. 1950-80 döneminde tarımda makineleşme ile köyden kente göçün hızlandığı ve hızlı nüfus artışıyla çarpık kentleşmenin ortaya çıktığı görülüyor. 1980 sonrasının liberal ekonomi politikaları hizmet sektörünün gelişmesine sebep oldu ve 2023 yılı itibarıyla nüfusun %76'sının şehirlerde yaşadığı görülüyor.

Hızlı kentleşme büyük şehirlerde konut sıkıntısı ve altyapı yetersizliği sorunlarını beraberinde getirmiştir. Ekonomik faaliyetler batı bölgelerinde yoğunlaşmış, diğer bölgeler ise görece olarak geri kalmıştır.

Günümüzün kentsel ekonomi dinamikleri ve süreçleri arasında mega projeler, havalimanları, organize sanayi bölgeleri, kentsel dönüşüm, toplu konut projeleri, deprem riskleri, imar planı çarpıklıkları, altyapı ve çevresel konular göze çarpıyor.

Türkiye'de Kentleşme Sorunları

Altyapı eksikliği ve trafik yoğunluğu hızlı kentleşmenin beraberinde getirdiği iki önemli sorun olarak öne çıkıyor. Büyükşehirlerde toplu taşımanın yetersizliği ve otopark sorunları, trafik yoğunluğu hava kirliliğini artırıyor. Toplu taşımanın kent nüfusunun önemli bir kesimi tarafından henüz kullanılmadığı görülüyor.

Büyükşehirlere devam eden göçler ve kentsel dönüşüm nedeniyle konut fiyatları ve kira bedelleri dünya ortalamalarının çok üzerinde artıyor. Yüksek enflasyon ortamı, bir dönem kira artış bedellerinin %25 oranıyla sınırlandırılması, rant fırsatları yarattı ve konut piyasasında akıl almaz rakamlara ulaşıldı.

Kentsel dönüşüm düşük gelirli aileleri zor durumda bırakıyor. Aileler evlerini boşaltmak zorunda kalıyor ve yüksek kira bedellerini emekli maaşlarıyla karşılayamıyorlar. Ekonomik açıdan zengin ve yoksul mahalleler arasındaki uçurum belirgin olarak artıyor. Sosyal ve ekonomik dengesizlik ve gelir eşitsizliği ön plana çıkıyor.

Kentlerin Geleceği

Kentlerin geleceğini karbon emisyonlarının azaltılması için atılacak "yeşil şehir" adımları, dijitalleşme ve yapay zekâ marifetiyle günlük hayatımızı basitleştirecek ve kolaylaştıracak yenilikler şekillendirecek. Şehir altyapıları, sensörler ve akıllı cihazlarla entegre olacak. Trafik yönetimi, enerji verimliliği ve atık yönetimi gibi alanlarda dijital çözümler öne çıkacak. Yapay zekâ kamu hizmetlerinde ve şehir planlanmasında kullanılacak. Dijital ortamda şehir sakinleri yerel yönetimlerle daha etkili ve şeffaf ilişki kurabilecek.

Yenilenebilir enerji kaynakları kent altyapısında yaygın hâle gelecek. Yeşil alanlar artacak, karbon ayak izini azaltmak için katı politikalar devreye girecek. Altyapılar iklim değişikliğine uyumlu ve dirençli konuma getirilecek. Su kaynaklarının verimli kullanımı ve geri dönüşüm teknolojileri devreye girecek.

Ulaşımda elektrikli toplu taşıma ve bireysel araçlar artacak. Sürücüsüz otonom araçlarla kazalar ve karbon emisyonlarının azaltılması hedeflenecek. Uzaktan çalışma modeli yaygınlaşacak ve ofis alanlarının dönüşümü başlayacak, ulaşım talebi azalacak.

QUANTUM EKONOMİSİ YIKICI TEKNOLOJİYLE NASIL BAŞ EDECEĞİZ?

Quantum Mekaniği

Kuantum mekaniği, atomlar ve atom altı parçacıklar gibi çok küçük ölçeklerdeki fiziksel sistemleri açıklayan bir bilim dalıdır. Klasik fizik ilkelerinden farklı ve oldukça soyut kurallara dayanır. Kuantum mekaniği, alışılmış düşünce kalıplarının dışına çıkan soyut bir sistemdir, ancak modern teknolojinin (transistörler, lazerler, kuantum bilgisayarlar) temelini oluşturur. Kuantum, doğanın en temel yapı taşlarının en küçük birimlerini ifade eden bir kavram olarak karşımıza çıkıyor.

Kuantumun örnek kullanımları arasında kuantum fiziği atom altı parçacıkların davranışını inceler. Kuantum bilgisayarları, kuantum mekaniği ilkelerini kullanan, klasik bilgisayarlardan çok daha hızlı işlem yapabilen bilgisayarlardır. Kuantum enerjisi, enerjinin kesikli birimler hâlinde taşınması veya aktarılmasıdır. Kuantum mekaniğinde, doğanın bazı özelliklerinin sürekli değil, ayrık şekilde var olduğu fikri vardır.

Kuantum mekaniğinde, parçacıklar hem dalga hem de parçacık özellikleri gösterebilir. Bir kuantum sistem, aynı anda birden fazla durumun (örneğin, bir elektronun birden fazla enerji seviyesinde olmasının) süperpozisyonunda bulunabilir. Kuantum fiziği, kesinliğin yerine olasılıkları kullanır. Belirsizlik ilkesi, bir parçacığın konumunun ve momentumunun aynı anda kesin olarak ölçülemeyeceğini ifade eder.

Quantum Ekonomisi

Quantum ekonomisi, kuantum mekaniği ilkelerinin ekonomi ve finans gibi sosyal bilimler alanlarına uygulanmasıdır. Geleneksel ekonomi klasik fizik ve matematiksel modellerle çalışırken, quantum ekonomisi, belirsizlik, olasılık ve gözlemci etkisi gibi kuantum teorisine özgü kavramları bu modellere dâhil etmeye çalışır. Bu yaklaşım, insan davranışlarının, piyasa dinamiklerinin ve karar verme süreçlerinin karmaşıklığını anlamaya yönelik yenilikçi bir perspektif ortaya koymakta.

Quantum ekonomisi olayların tam olarak tahmin edilemez olduğunu kabul eder. İnsanların ekonomik kararları, klasik rasyonel modellerin öngöremediği bir belirsizlik içerir. Bireylerin veya piyasaların birden çok seçenek arasında karar vermekte kararsız kalmasını modeller. Buna göre bir piyasa katılımcısının davranışları veya gözlemleri, piyasayı etkileyebilir. Karmaşık ve etkileşimli ekonomik sistemleri modellemek için kuantum sistemlerinin dinamikleri kullanılır.

Quantum ekonomisi insan davranışları arasındaki irrasyonel kararları açıklamaya çalışır. Portföy optimizasyonu ve finansal risk analizi yapar. Önyargılar ve belirsizlikler kuantum olasılık teorisiyle açıklanmaya çalışılır.

Ekonomiye Katkıları

Quantum ekonomisi toplumu daha iyi anlamak için ekonomiyi yeniden düşünmemizi sağlar. Temel fiziksel ihtiyaçlarımızın dışında, ait olma ve özsaygı benzeri psikolojik ihtiyaçları ekonomiye dâhil eder. Doğa ve beşerî bilimleri bir araya getirir. Bu dünyada insanlar ve makineler dâhil her şey birbirine bağlıdır. Doğrusal değil, dairesel olan ve her şeyin birbirine bağlı olduğu bir sistem vardır. Merkezi ve hiyerarşik yapılar yerine, bağımsız birimler söz konusudur.

Kuantum ekonomisi, dijital devrim, yapay zekâ ve algoritmaların dünya ekonomisi üzerindeki etkilerini anlamaya çalışır. Teknolojik yeniliklerin ekonomi, toplum ve insanlık üzerindeki etkilerini kuantum mekaniği ilkelerine göre değerlendirir. Hem fırsatları hem de riskleri değerlendirerek, insan merkezli bir ekonomik ve toplumsal dönüşüm hedefler.

Dijital devrimle birlikte, verinin ve teknolojinin karmaşıklığı ekonomik modelleri belirsiz hâle getirmiş durumda. Kuantum ekonomisi, bu belirsizliği açıklamak için kuantum mekaniğinin olasılık kavramlarını kullanır. Kuantum ekonomisi, ekonomik sistemlerdeki ani ve beklenmedik değişiklikleri anlamaya çalışır.

Kuantopya

Kuantopya, kuantum bilgisayarlar, kuantum iletişimi, kuantum yapılar ve diğer kuantum tabanlı teknolojilerin toplumda ve insan yaşamında devrim yaratacağı, bu teknolojilerin potansiyelinin insanların yaşam kalitesini, toplumsal yapıları ve küresel sorunları çözme yeteneğini artıracağı bir ütopya düşüncesidir. Kuantopya, bir anlamda, kuantum teknolojilerinin sağladığı imkânlarla daha adil, verimli, sürdürülebilir ve eşitlikçi bir toplum yaratmayı hayal eder.

Kuantum teknolojilerinin, insanlığın karşılaştığı büyük sorunları çözme potansiyeli vardır. Enerji verimliliği, çevresel sürdürülebilirlik, sağlıkta devrim, eğitim ve ekonomik eşitsizlik gibi alanlarda kuantum bilgisayarlar ve yapay zekâ çözümleri büyük bir ilerleme sağlayabilir.

Kuantopya, insanların yaşam standartlarını iyileştiren, teknolojiyi adil ve eşitlikçi bir şekilde kullanan bir ekonomik düzeni ifade eder. Kuantum teknolojisiyle daha verimli bir üretim yapısı, kaynakların daha verimli dağıtılması, kişisel refahın artırılması ve gelir eşitsizliğinin azaltılması sağlanabilir.

Dijital Devrim

Dijital devrim, insanlık ve dünya üzerindeki etkileriyle büyük bir dönüşüm başlatmış durumda ve bu süreç, gelecekteki yaşam tarzımızı, toplumsal yapıları ve doğayla olan ilişkimizi derinden etkilemeye devam edecek görünüyor. Üssel teknolojiler mevcut düzeni kökten değiştirecek potansiyele sahip bir tehdit olarak önümüze çıkıyor.

Tehditler teknolojik yenilikler yoluyla hızla yayılıyor ve hayatımızın tüm alanlarını etkiliyor. Geleneksel iş modelleri, yönetim anlayışları ve toplumsal yapılar dijitalleşmenin etkisiyle radikal bir şekilde dönüşüyor. İş dünyasında, yapay zekâ ve otomasyon marifetiyle robotlar insan iş gücünün yerini almaya başlamış durumda.

Yapay zekânın kendisini ve gelişimini birkaç mega şirketin, medya patronunun ya da teknokratın elinde bıraktığımız müddetçe insanlığın geleceği tehlike altında olacak. Toplumun tüm ilgi alanlarının bu gidişatın değişmesi için iş birliği içinde olması gerekiyor.

Sürdürülebilir ve hümanist bir ortamda matematik, sosyal bilimler, teknoloji ve felsefeyi bir araya getirerek disiplinler arası bir quantum ekonomisinin desteğiyle üssel teknolojilerle baş etmenin mümkün olacağı düşünülüyor.

Hiper Kapitalizm

Hiper kapitalizm, kapitalizmin aşırı bir formunu ifade eden bir terim. Bu kavram, piyasa mekanizmalarının ve kâr maksimizasyonunun, ekonomik, toplumsal ve hatta bireysel yaşamın hemen hemen tüm alanlarını kontrol altına aldığı bir sistemi tanımlar. Hiper kapitalizm, kapitalizmin geleneksel sınırlarını aşarak teknoloji, kültür, insan ilişkileri ve doğa üzerinde tam anlamıyla hegemonya kurmasıyla günümüzde kendini gösteriyor.

Piyasanın hiçbir sınırlamaya tabi tutulmadığı ve küresel ölçekte işlediği bir sistemden bahsediliyor. Bu sistemde devletlerin düzenleyici rolü zayıflar veya tamamen ortadan kalkar. Uluslararası şirketler, ekonomide ve politikada belirleyici bir güç hâline gelir. Hiper kapitalizm, dijitalleşme, büyük veri, yapay zekâ ve diğer ileri teknolojilerle yoğun bir şekilde desteklenir. Bu teknolojiler, tüketici davranışlarını izlemek ve manipüle etmek için kullanılır. Sosyal medya algoritmaları kullanıcıların dikkatini sürekli kâr amacıyla yönlendirir. Tüketim, hiper kapitalizmde toplumsal yaşamın merkezine yerleştirilir. İnsanlar, kimliklerini tükettikleri ürünler ve hizmetler üzerinden tanımlar hâle gelir.

Doğal kaynaklar, hiper kapitalizmde ekonomik kâr için sınırsız bir şekilde sömürülür. Çevre ve sürdürülebilirlik arka planda kalır. Ormansızlaşma, iklim değişikliği ve çevresel yıkım ortaya çıkar.

Nasıl başa çıkacağız?

Algoritmaların ve yapay zekânın bizi esir almaması için dünyamızın hümanist bir yer olarak kalmasını sağlamak gerekiyor. Hiper kapitalizmin çevreye ve yaşamlarımıza daha fazla zarar vermesine artık dur denmesi zamanı yaklaşıyor.

Bu noktada, kuantum ekonomisi, bize klasik ekonominin öğrettiği maddiyatçılık ve tüketim çılgınlığı dışında yaşantımızda farklı değerlerin de var olduğunu açıklamaya çalışıyor. Maddi ihtiyaçlarımızın ötesinde, insanların iyiliği için toplumsal ve duygusal becerilerin ön plana alındığı, iş birliğinin öneminin vurgulandığı bir sistem yaratılmaya çalışılıyor. Temel ihtiyaçların kullanımının kişilerin çıkarından, toplumun çıkarına kaydırıldığı, zenginliğin ve kaynakların daha iyi dağıtıldığı, insan odaklı bir ekonomik sistemin bizi yakın geleceğin teknolojik yıkımından kurtarması umuluyor.

Quantum ekonomisi, içine teknolojiyi, ekonomiyi, toplumu ve politikayı alan disiplinler arası bir yaklaşım. Ekonominin temeline gayri maddi varlıkları koyuyor. Hümanist kapitalizmi yeniden tanımlıyor, içine insani değerleri yerleştiriyor. Önceliği para kazanmak değil, sorunların çözümü ve değer yaratmak. İstikrarı ve eşitliği sağlayacak bir yeni işletim sistemi olmaya aday.

Nasıl Ulaşacağız?

İlk olarak şirketler iş yapma biçimlerini yeni baştan gözden geçirecek. İş insanları salt kazanma hedefiyle değil, değer yaratarak, proje bazında sorunları çözerek, yıkıcı değil, işbirlikçi rekabet içinde hareket edecek. İş dünyası sadece bireysel müşterileri için değil, toplumun daha geniş kesimleri için katma değer yaratmaya çalışacak. Üretim süreçlerinde geri dönüşümü mümkün malzemelere geçilecek. Şirketler ürünün tüm yaşam döngüsünden sorumlu olacak.

Bireyler tüketim hızını yavaşlatmak ve çevreyi korumak için, dayanıksız ve kalitesiz kullan-at ürünler yerine, dayanıklı ve sınırsız kullanımlı ürünler tercih edecek. Ortak çalışma, araba, ofis ve ev paylaşımı, satın alma yerine kiralama vb. paylaşım ekonomisi uygulamaları giderek artacak. Satın almak, tüketmek ve artık çöp üretmek yerine ödünç alıp, kullanıp, geri vereceğiz. Tüketiciler bu yöntemle hızlı bir şekilde kullanıcılara dönüşebilecek. Satın almak yerine ödünç alan insanlar bir süre sonra, mülkiyet ve sahiplik kavramlarıyla aralarında farklı ilişikler kurmaya başlayacak. Tüketim çılgınlığından kurtularak birey olarak daha fazla bağımsız ve özgür olacağız. Mülkiyet hakları yerine, kullanım hakları veya hizmetleri satın alınacak. Ödenecek meblağlar, ürünü ne kadar veya hangi sıklıkta kullandığımıza göre belirlenecek. Müşteri yerine, birer kullanıcı olarak, ürünlerin tüm yaşam döngüsündeki sorumlulukları paylaşacağız. Satın alıp bir kenara atmak yerine, ürünleri gerekli olduğu kadar uzun kullanacak ve geri dönüşüme göndereceğiz.

Merkezi otoritelerin ve karar alıcıların temel sorunlara çözüm bulmakta başarılı olamadığı görülüyor. Gelir dağılımındaki uçurumlar toplumlarda milliyetçilik duygularının artmasına neden oldu. Avrupa'da aşırı sağın birçok ülkede yükselişte olduğu görülüyor. Ancak enflasyon, terörizm, kaçak göçmenler, enerji, teknoloji, çevre kirliliği benzeri sorunlar küresel düzenlemelere ihtiyaç duymakta.

Güçlü yerel hükümetlerin (belediyelerin) merkezi otoritelere kıyasla bireylerle daha yakın ilişkide olduğu görülüyor. Güçlü bölgesel liderler temsil ettikleri insanların ihtiyaçlarına cevap verebiliyor. Yerel nüfusların karar alma sürecinde merkezi bir konumda olması aşırı milliyetçilik duyguları yerine küreselleşmenin öne çıkmasına yardımcı olacak.

Yakın bir gelecekte insanlığın devamı dijital süper zekânın kontrol altına alınmasına bağlı olacak. Küresel standartlar ve düzenlemeler konusunda uluslararası çapta anlaşmaya varılması gerekiyor. Bu varoluşsal meseleye küresel boyutta eğilmek, teknolojinin kötüye kullanımıyla ilgili farkındalığı arttırmamız gerekiyor. Quantum ekonomisinde bütün bu değişimlerin iş dünyasından başlaması bekleniyor.

BERKSHIRE HİSSEDARLARINA MEKTUPLAR - WARREN BUFFETT

Berkshire Hathaway

Başarılı yatırımcı Warren Buffett 1965 yılında Berkshire Hathaway (BH) şirketinde CEO olarak göreve başladığında şirketin hisse başına defter değeri 19,46 dolar iken, günümüzde bu rakam 200.000 doları aşmış durumda. CEO'luk yaptığı dönem boyunca yıllık bileşik büyüme oranının %19 olduğu görülüyor.

BH, 80 farklı iş kolunda faaliyet gösteren bir holding. Şirketin en önemli iş kolu sigortacılık. Diğer faaliyet alanları arasında gıda, giyim, inşaat malzemeleri, araç gereç, teçhizat, gazete, kitap, ulaşım hizmetleri ve finans ürünleri bulunuyor. Şirket varlıklarını tek bir işletme çatısı altında toplamış durumda. Bu yapı sayesinde düşük fon maliyeti, esnek sermaye dağılımı, minimum kurumsal risk, çok düşük genel yönetim giderleri, verimli vergi planlaması ve ortak kurum kültürü benzeri çok önemli değerleri bünyesinde barındırıyor.

Buffett, kırk yılı aşkın bir süredir BH yıllık faaliyet raporlarında hissedarlara düzenli olarak mektuplar yazıyor. BH'nin rakamları arasında gezinirken genel ekonomik gelişmeleri, yatırım ve yönetim stratejileri, hissedar ilişkileri benzeri konuları basit ve herkesin anlayacağı bir dilde hissedarlarına iletiyor. Bu mektuplar iş ve yatırım dünyası için eşsiz bir kaynak olarak değerlendiriliyor. Yaşanan deneyimleri aktarması açısından çok değerli bilgiler içeriyor.

Yönetim ve Yöneticiler

Buffett'a göre bir şirket yöneticisi hissedarların çıkarlarını ön planda tutar, aldığı kararlarda her zaman şirketin sahibiymiş gibi düşünür. Yöneticilerin hissedarlarla dürüst ve samimi iletişim kurması çok önemlidir. Emir komuta zinciri ve hiyerarşik bir düzen yaratmak gerekli değildir. Dürüst, yetenekli ve özenli kişileri seçerek ekipte birinci sınıf insanları bulundurmak, kimin kime ne zaman raporlayacağını tespit etmekten çok daha önemlidir.

CEO seçimi hayati önem taşır. Üzerinde daha kıdemli birisi olmadığı için performansı ölçülemez. Yönetim kurulu üyeleri CEO'dan daha kıdemli gibi davranmak yerine, her zaman onunla birlikte uyum içinde çalışmaya özen göstermelidir. İş dünyasında yönetim kurulu seçimindeki en büyük sorunlar üyelerin tanınmış, şöhretli ya da bağımsız olma özelliklerine göre seçilmesidir. İş anlayışları, ilgi alanları ve hissedarlarla uyum özellikleri bu arada göz ardı edilir. BH yönetiminin basit kuralları, işleri ve varlıkları şirketin tek sahibiymiş ve şirket hiç satılmayacakmış gibi yönetmektir.

Kurum kültürü bir işletmenin en önemli, ancak en az ölçülebilen bir değeridir. Üst yönetim tarafından belirlenmiş normlar ve değerler şirkete hayat veren unsurlardır. Kültür kendiliğinden çoğalacak özelliğe sahiptir. Bürokratik prosedürler daha fazla bürokrasi yaratır ve görkemli şirket sarayları da gereksiz davranışlara neden olur.

Yatırım İlkeleri

Değer yatırımı başarılı bir yatırımın anahtarıdır. İyi bir şirketin piyasa fiyatı, o şirketin işletme değerinden düşük olduğunda o şirketin değerli olduğu ortaya çıkar. Warren Buffett'a göre bir şirketin işletme değeri (gerçek değer), şirketin gelecekte yaratacağı nakit akışlarının bugünkü değeridir. Bir hisse senedinin fiyatı ne ödediğinizi gösterirken, gerçek değeri ise ne aldığınızı gösterir. Güçlü rekabet avantajına, sade ve anlaşılır bir iş modeline sahip, borçluluğu düşük ve özkaynak getirisi yüksek şirketler tercih edilmelidir.

Yeterlilik çemberine göre yatırımcılar bildiğine bağlı kalarak anlayabilecekleri varlıklara yatırım yapmalıdır. Bildiğine bağlı kalmak başkalarının defalarca yaptığı hatalardan kaçınmayı sağlar.

Kurumsal tahakküm, kurumsal sistemin değişime karşı gösterdiği dirençtir. Kurum kaynaklarını emen yetersiz yönetim stratejileri sorgulanmadan uygulandığında işletmenin rasyonel karar vermesini önler. En büyük CEO sorunu olan sürü zihniyeti o şirketin sektör lideri yerine sektörün taklitçisi olmasına yol açar.

Güvenlik marjı ilkesi ödenen fiyatın, elde edilecek değerden daha düşük olmasını gösteren bir emniyet payıdır. Gerçek değerin altında satın alındığı için piyasada oluşan dalgalanmalar karşısında zarar etme ihtimali azalır.

Yatırım Kategorileri

Para piyasası fonları, tahviller, ipotekler, banka mevduatları ve benzeri yatırım araçları herhangi bir para birimine bağlıdır. Bu yatırım araçlarının çoğunun güvenli olduğu düşünülür. Oysa, paranın nihai değerini hükümetler belirler. Hükümetlerin istikrarlı bir para birimini tehdit eden enflasyon üreten politikaları vardır. Buffett, 1965- 2011 yılları arasında doların %86 değer kaybettiğini vurgular. Bir tahvil yatırımcısı bu değer kaybını karşılamak için bu dönemde yıllık %4,3 faize ihtiyaç duyacaktı. Bu faizin herhangi bir kısmını gelir olarak görenler ise kendilerini kandırmış olacaklardı.

Diğer bir yatırım kategorisi hiçbir zaman, hiçbir şey üretmeyecek olan varlıklardır. Gelecekte başka birine daha pahalıya satılacağı umut edilen bu tür yatırımlarda, alıcılar satın alma havuzunun genişleyeceğine inandırılır. Kâğıt paradan korkan yatırımcıların favorisi altındır. Altın ne çok işe yarar ne de üretkendir. Eğer saklamak amacıyla bir ons altına sahipseniz, en sonunda yine bir ons altınınız olacaktır.

Farklı bir yatırım kategorisi olarak üretken varlıklar Buffett'ın tercihidir. Bunlar işletmeler, çiftlikler ya da gayrimenkuller olabilir. Bu tür varlıklar enflasyonist ortamda minimum ek sermaye desteğiyle satın alma gücünü korur. Bu tür yatırımlar, bir para birimine bağlı yatırımlardan daha üstün yatırımlardır.

Hisse Senedi

BH, kaliteli hissedarları cezbetmeyi hedefler. Kaliteli hissedarlar, büyük oranda hisse alıp bu hisselere uzun vadede bağlı kalanlardır. BH, hisse senedi fiyatından çok, şirketin temel prensiplerini vurgular. Kaliteli hissedar diye bahsedilenler ne borsa endeksçileri ne de kısa vadeli yatırım yapan al-satçılardır. BH hissedarı bir uzun mesafe yatırımcısı olmalıdır.

Hisse senedi bölünmeleri hisse senedi sahiplerinin menfaatlerine zarar verir. Hızlı hisse devirlerini hızlandırarak işlem maliyetlerini artırır. Kısa vadeli, pazar-odaklı bakış açısıyla gereksiz yere yalnızca borsa fiyatına odaklanmış hissedarları çeker ve bunların sonucu olarak hisse fiyatının gerçek değerinden sapmasına neden olur.

Hisse senedi geri alımları, hisse fiyatı gerçek değerine göre çok düşük durumdaysa uygulanır. Satış yapan hissedarlar açısından, yatırımlarını indirimli bir fiyattan nakde dönüştükleri için olumlu değildir. Ancak bu hissedarlara nakit sağlayan bir özelliği vardır. Satış yapacak hissedarların net bir şekilde bilgilendirilmesini sağlayan kamuoyu açıklamalarının yapılması mağduriyetlerini önleyecektir.

BH temettü politikası, her zaman kazançların nakit olarak ödenmesi yerine, bünyede tutulmasından yanadır. Her bir dolarlık kazanç, ancak şirketin piyasa değerini en az o kadar artıracaksa elde tutulmalıdır.

Şirket Satın Alma Politikası

Buffett'in şirket satın alma politikası özel girişim sermayesi benzeri bir finansal yatırımcıdan son derece farklıdır. Buffett'a göre özel sermaye şirketi (private equity) maksimum gelir sağlayıp üç beş yıl içinde hisseleri elden çıkarmaya çalışır, hisseleri teminat verip şirketi borçlandırır, şirketin uzun dönem hayatta kalmasıyla hiç ilgilenmez. Diğer taraftan, satıcının motivasyonu da elindeki kırıntıları satıp, şirketi geride bırakarak kaçmak olabilir.

BH ise farklı bir alıcıdır. Şirketlerini geçmişte olduğu gibi yönetmeye devam etmek isteyen, aileleri ya da kendilerinin nakit ihtiyacı nedeniyle bir miktar hisse satmak arzusunda olan aile şirketlerini tercih eder. Bu tür bir işletme sahibi ömrü boyunca emek verdiği şirketinin yaşamasını ister. BH satın alımı sonrası, mevcut hissedar şirketini geçmişte olduğu gibi yönetmeye devam eder. BH şirketine ve insanlarına ne olacağını önemseyen şirket sahipleriyle iş yapmak ister.

Potansiyel bir alıcının yalnızca cari ya da kısa vadeli kazançlara odaklanması doğru değildir. Oysa birleşme tekliflerinin çoğu kısa vadeli kazançları artıracak, ancak hisse başına gerçek değeri azaltacak fırsatlar sunar.

Şirket yöneticileri (CEO) kendi etki alanlarını genişletmek için sürekli satın alma projeleri üretebilir. Özellikle borsada işlem gören şirket sahiplerinin servetinin korunması gerektiği arka planda kalır.

Şirket Değerleme

Temettü getirisi, fiyatın kazançlara oranı ya da defter değeri ve hatta büyüme oranlarının bile değerleme ile hiçbir ilgisi yoktur. Büyüme, değer denkleminin basit bir bileşeninden ibarettir. "Gerçek değer" yatırımların ya da işletmelerin çekiciliğini değerlendirmek için kullanılması gereken tek yaklaşımdır. Gerçek değer (işletme değeri) kalan ömrü boyunca bir işletmeden elde edilebilecek nakit getirinin bugünkü değerine indirgenmiş tutarıdır. Bir işletmenin geleceği ne kadar belirsizse, hesaplamanın yanlış olma olasılığı o kadar artar. İstikrarlı nakit akışları ve düşük borç seviyesiyle birlikte, likidite gücü yüksek şirketlerde gerçek değer daha kesin olarak hesaplanabilir.

Halka açık bir şirkette, piyasa fiyatı ile gerçek değer uyumlu olduğunda yatırım fırsatları olduğunu görürüz. Bir hissedar hisselerini ne kadar uzun süre elinde tutarsa, gerçek değer üzerinden prim ya da indirim oranının etkisi önemli ölçüde azalacaktır.

Genel kabul görmüş muhasebe sistemi (GAAP-UFRS) tutarsızlıklarla doludur. Muhasebenin işlevi kaydetmekten ibarettir. Yöneticiler ve şirket sahipleri iş dünyasında muhasebenin ticari açıdan düşünmeye yardımcı bir unsur olduğunu, asla onun yerini alamayacağını hatırlamalıdır. Değerlendirme işi yatırımcılara ve yöneticilere düşer.

Muhasebe İlkeleri

Buffett'a göre muhasebe bir biçim olarak manipülasyona açıktır. Genel kabul görmüş muhasebe ilkeleri (GAAP-UFRS) nin kendine özgü birçok sorunu vardır. Bu sorunu daha karmaşık hâle getiren, yöneticilerin UFRS'yi uyulması gereken bir standart olarak değil, bir engel olarak görmeleridir. Dürüst ve iyi niyetli yönetimler bile bazen UFRS'yi esnetirler. Kazanç ya da zararların diğer döneme kaydırılması bu beyaz yalan taktiklerinden yalnızca birisidir. Bir de aldatmak ve dolandırmak için UFRS'yi aktif olarak kullanan yöneticiler vardır.

Muhasebecinin görevi değerlendirmek değil, kaydetmektir. Değerlendirme görevi yatırımcılara ve yöneticilere düşer. Diğer taraftan muhasebe rakamları iş dünyası için çok gereklidir. İş dünyasının dili olarak bir şirketin ederini ve gelişimini takip etmek isteyen herkese yardımcı olur. Ticari açıdan düşünmeye yardımcı bir unsurdur.

Şirket bünyesindeki iç denetim komitesinin denetim yapması değil, dış denetçilerin doğru bildiklerini açıklamalarını sağlaması gerekir. Ancak dış denetçilerin ücretlerini CEO ve CFO'nun ödediği gerçeği vardır. Denetçiler yatırım yapan halkı müşterileri olarak görmek zorunda olsalar da bunun yerine onları seçen ve maaşlarını ödeyen yöneticilere yakınlaşma eğilimleri vardır.

Berkshire Kültürü

Berkshire Hathaway'in (BH) firma kültürü, şirketin efsanevi CEO'su Warren Buffett ve onun iş ortağı Charlie Munger tarafından şekillendirilmiştir. Şirketin kültürü, uzun vadeli değer yaratmaya odaklanan benzersiz bir yönetim anlayışına sahiptir. Borsalarda cazip olan çeyrek dönem bazlı performanslar yerine, on yıllar boyu süren büyüme stratejisine odaklanır.

BH, bir şirket satın alırken kısa vadeli dalgalanmalardan çok, kalıcı rekabet avantajlarına ve yönetim kalitesine bakar. Satın aldığı işletmelere geniş bir özerklik tanır. Yönetici kadrolarına güven esas alınır. Satın alınan şirketlerin yönetim ekipleri genellikle değişmez ve operasyonlarına karışılmaz. Sermayeyi en verimli şekilde değerlendirme konusunda çok seçicidir. Kârlı fırsatlar yoksa, nakit biriktirerek daha iyi yatırım imkânlarını beklerler. Satın alma stratejisi, "mükemmel şirketleri makul fiyata almak" şeklinde özetlenebilir.

BH firma kültürü şeffaflık, sadelik, sabır, disiplin ve dürüstlük ilkelerine dayanır. Buffett, hissedarlara yazdığı mektuplarda, hatalarını açıkça kabul eden ve dürüstlüğü ön planda tutan bir iletişim tarzı benimser. Buffett ve Munger, kişisel servetlerinin büyük bir kısmını Berkshire Hathaway hisselerinde tutar. Şirket, kısa vadeli piyasa spekülasyonlarıyla ilgilenmez, hissedarlarını uzun vadeli ortaklar olarak görür. BH gösterişli ofislerden ve lüks harcamalardan kaçınır. Şirketin merkezi çok sade bir yapıya sahiptir.

AMAZON HİSSEDARLARINA MEKTUPLAR - JEFF BEZOS

Amazon

Jeff Bezos 1997- 2021 yılları arasında Amazon'un CEO'su olarak görev yaparken her yıl hissedarlara mektup yazarak şirketin stratejisini, büyüme felsefesini ve performansını paylaştı. Bu kaynaklar Amazon'un olağanüstü büyümesinin, 20 yılda nasıl bir dünya markası ve efsanevi bir şirket hâline geldiğini anlamamıza yardımcı oluyor.

Jeff Bezos dünya çapında faaliyet gösteren teknoloji şirketi Amazon'un kurucusu, internet girişimcisi, sanayici, medya sahibi ve yatırımcıdır. 2017 sonrası ise dünyanın en zengin kişisi oldu.

Şirket, 1994 yılında amazon.com adında küçük bir online kitapçı olarak başladı. Internet dünyasının her yıl yüzde 2.300

büyüdüğü gerçeği Bezos'u cesaretlendirdi. Çoğu kişinin evinde henüz internet yoktu. Amazon Marketplace 2000 yılında faaliyete geçerek üçüncü taraf satışlarını başlattı. 2002 yılında online alışverişin önündeki en büyük sorunun kargo ücreti olduğu fark edilerek ücretsiz kargo ve prime hizmetleri devreye girdi. Güvenilir, ölçülebilir ve uygun maliyetli bir veri merkezi inşa edilmişti. Bu hizmet Amazon Web Servisleri (AWS) olarak bireylere, şirketlere ve hükümetlere sunuldu ve yeni bir iş kolu doğdu.

Uzun Vadeli Düşünme

Amazon'un kısa vadeli kârlılık yerine uzun vadeli değer yaratmaya odaklandığı görülüyor. Bezos 1997 mektubunda "hepimiz torunlarımıza anlatabileceğimiz bir şey için çalışıyoruz; başarımızın temel ölçüsünün uzun vadede yarattığımız hissedar değeri olacağına inanıyoruz." cümleleriyle uzun vadeli düşünmenin kendisi için nasıl temel oluşturduğunu vurguluyor.

Amazon, borsaların üç aylık kazanç takıntısını karşılamak için çaba göstermeyen çok az şirketten birisi. Üç aylık kazanca odaklanmanın getirdiği baskının yokluğu, şirketi yarı yolda değişimler yapmaktan koruyor. Kârlılığı artırmak yerine, yeni ürün kategorileri ve müşteri deneyimi geliştirmek, inovasyon ve operasyonel verimlilik için teknolojiye yapılan büyük yatırımlar dikkat çekiyor.

Bezos'a göre şirketin hissedarları kısa vadeli dalgalanmalara karşı sabırlı olmalıdır. Amazon'un başarısı uzun vadede kümülatif müşteri memnuniyeti ve operasyonel gelişmelerle şekillenmekte.

Müşteri Odaklılık

Amazon'un başarısının en büyük anahtarının "müşteri deneyimini sürekli iyileştirmeye çalışmak" olduğu hemen her hissedar mektubunda vurgulanmış. Müşteri deneyimine yapılacak her yatırım sadık bir müşteri tabanı oluşturmayı hedefliyor. Ücretsiz kargo ve Prime üyeliğinin müşteri sadakatine büyük etkisi olduğu görülüyor.

Müşteri takıntısı, yüksek standartlar, düşük fiyatlar, geniş ürün yelpazesi, hızlı teslimat, müşteri sorunlarında anında karar alabilme ve sürekli yenilik çabalarıyla kendini gösteriyor. Rekabet etmek yerine müşteri odaklı olmak, müşterilerinizi daha iyi anlamanıza ve uzun vadede sizinle kalmalarını sağlar. Müşteri beklentileri ise asla durağan değildir, sürekli gelişir.

Amazon günümüzde 200 milyonun üzerinde bir sadık müşteri tabanı oluşturmuş durumda. Prime Üyeliği, hızlı teslimat, Prime Video, Kindle, Amazon Books mağazaları vb. hizmetler müşteri tabanının her geçen gün daha fazla büyümesine yardımcı oluyor. Müşterinin güvenini kazanmanın ve korumanın bir liderin en önemli takıntısı olması gerektiği hissedar mektuplarında sık sık vurgulanıyor.

Hızlı Karar Almak

2016 hissedarlar mektubu Amazon'un bir ilk gün şirketi olduğunu ve bunun hızlı, çevik ve müşteri odaklı çalışma biçimini korumak anlamına geldiğini vurguluyor. İkinci gün ise bürokrasi, hantallık ve nihayetinde çöküş demektir. Büyük şirketlerde yaşanan en büyük tuzaklardan birisi yavaş karar alma sürecine saplanmalarıdır. Amazon günübirlik kararlar alarak gereksiz gecikmeleri önlemeye çalışıyor.

Bezos, kararları Tip 1 ve Tip 2 olmak üzere ikiye ayırıyor (2015 mektubu). Tip 1 kararlar geri dönüşü zor olan büyük stratejik değişiklikleri kapsar ve bunlar dikkatle ele alınmalıdır. Tip 2 daha esnek ve geri dönüşü mümkün olan kararlardır. Bu kararlar hızlı alınmalıdır ve Amazon çalışanlarının hızlı davranma yetkileri vardır. Çoğu karar ve eylemin geri dönüşü vardır ve kapsamlı bir çalışma gerektirmez. Planlı risk almak değerlidir.

Hız ve kaliteyi dengede tutmak gerekir. Büyük hantal şirketler ya hızdan ya da kaliteden ödün verir. Amazon'un başarısı hızlı kararlar alırken, yüksek standartları koruma becerisine dayanır. Hızlı hareket etmek, mükemmeliyetçilik adına beklemekten daha değerlidir.

Veri Odaklı İş Modeli

Amazon'da verilen çoğu önemli kararlar verilere dayanarak verilir. Matematik bize hangisinin doğru veya yanlış, daha iyi veya kötü olduğunu söyler (2005). Matematik temelli kararlar geniş mutabakat sağlarken, yargı temelli kararlar da haklı olarak tartışılır ve en azından uygulamaya konulana kadar genelde tartışmalı olur.

Ölçme sadece finansal verilerden ibaret değildir. Amazon web sitesinde müşteri aktiviteleri yakından izlenir. Ürünler üzerinde yapılan gelişimleri değerlendirmek için Weblab adında dahili bir deney platformu işletiliyor.

Amazon'da her çalışanın işlemin yönleri hakkında büyük miktarda bilgi sağlayan ortak bir veri tabanına erişimi vardır. Müşteri yararına yeniliği teşvik etme yollarından birisi olarak, fayda sağlayabilecek bir model bulunduğu zaman çalışanlar ödüllendirilir.

Finansal veriler konusunda halka açık şirketlerin çoğunun hisse başına kâr ve kâr büyüme oranlarına odaklandığı görülüyorken Bezos, serbest nakit akışına önem verir. Serbest nakit akışında daha az sayıda duran varlık hesaba katılır ve işletme faaliyetleriyle sağlanan net nakit olarak tanımlanır (2004).

Yenilik ve Buluş Yapmak

Bezos'a göre buluş için deney yapmak zorunludur (2015 mektubu). Başarısızlık ve yenilik ise yapışık ikizlerdir. Amazon müşterisi olan binlerce yazar, girişimci ve geliştirici onlara değer yaratan radikal ve dönüşümlü yeniliklere güvenir (2011 mektubu). Dinamik buluş Amazon'un ikinci kişiliği hâline gelmiştir. Amazon'un yenilikçi kültürü başarısızlığa açık olmaya dayanır.

Buluş ve yeniliklerin işletmenin her seviyesinde gelişmesine izin vermek gerekir. En iyi fikirler resmî liderlik pozisyonunda olan insanlardan çok, sahada görev yapanlar tarafından ortaya çıkarılır. Amazon iştiraklerinde binlerce kişinin cesurca deney yapacağı self servis istasyonları oluşturulmuştur.

Müşterilere sağlanan deneyimi geliştirmek ve iyileştirmek için kullanılan temel amaç teknolojidir. Teknolojiyi sürekli benimsemek ve uyum sağlamak bir işletmenin dönüşümünü hızlandırır. Teknolojiye yapılan büyük yatırımlar uzun vadede Amazon'un daha verimli ve müşteri odaklı bir platform oluşturmasını sağlamıştır. Hız ve kalite dengesini koruyarak inovasyon yapmak, uzun vadeli başarı getirecektir.

Risk ve Büyüme

Jeff Bezos, "eğer risk almazsanız, riskli yatırımlar yapmazsanız ve başarısızlık için planlı olarak fırsatlar yaratmazsanız yeteri kadar büyüyemezsiniz" yorumunu yapıyor. Bezos'a göre başarısızlığı başarılı yapan şey, başarısızlıktan çıkardığınız ders ve burada öğrendiklerinizi daha sonra nasıl uyguladığınızdır. Fark yaratan davranış "başarılı başarısızlığı" teşvik etmektir. Amazon'da test etmenin bir hayat tarzı olduğu her fırsatta vurgulanıyor.

Amazon faaliyetleri benzer örneklerle doludur. E-Bay ile rekabet etmek (açık artırma ile ürün satın alma) için yaratılan "Amazon Müzayedeleri" uygulaması mevcut müşteri kitlesi tarafından beğenilmedi. Fiyat kesinliği müşteri için önemliydi. Arkasından üçüncü taraf satıcılarının Amazon üzerinden satış yapmasına imkân veren zShops uygulaması devreye sokuldu. Ayrı bir oturum açma ve arama motoru kullanılması nedeniyle bu girişimde başarılı olmadı. Alınan dersler üçüncü taraf satıcılarının Amazon'da satış yapması fikrinde doğru yolu göstermiş oldu ve milyarlarca dolarlık satışa ulaşan Amazon Marketplace ortaya çıktı.

2014 yılında Fire Phone telefonu piyasaya sürüldü. 178 milyon dolarlık zararla bu üründen vazgeçildi. Ancak Fire Phone'u yaratan ekip öğrendiklerini Echo yazılımında ve Alexa'da kullanarak daha sonra milyonlarca dolarlık gelir sağladı.

Sahiplenmeyi Teşvik Etmek

Sahiplenme uzun vadeli düşünmenin bir sonucudur. Sahipler kiracılardan farklıdır. Sahiplik bir zihniyettir ve bir şeyin sahibiymiş gibi davrandığımızda, onu farklı görür ve kendimize ait bir şeymiş gibi davranırız.

Çoğu yatırımcı kısa vadeli kiracıdır, portföylerini o kadar hızlı çevirirler ki gerçekten de sadece geçici olarak sahip oldukları hisse senetlerini kiralıyorlardır (2003). Bezos, hissedarlar terimi yerine hisse sahipleri terimini kullanmaya başlayarak onların Amazon'un bir parçası olduklarını vurgulamak ister.

Bezos'un sahiplenmeyi teşvik etmek için kullandığı yöntemlerin başında çalışanlara şirketten hisse vermek gelir. Kısıtlı Hisse Birimi (KHB) primleri en yüksek vasıflara sahip çalışanları cezbetmek için tasarlanmış bir küresel tazmin programıdır.

Çalışanlara Tip 2 karar verme yetkisi vermek, toplantılarda altı sayfalık öykü formatını uygulamak, buluş ve yenilik yapmak için özellikle mesai saatlerinde fırsatlar yaratmak, Amazon'da çalışmaya başlayanlara Amazon Liderlik Prensiplerinin bir kopyasını vermek, çalışanlara istifa etmeleri için para teklif etmek, tam bir fikir birliğine gerek duymadan farklı fikirlerin hayata geçirilmesine izin vermek Bezos'un sahiplenmeyi teşvik etmek için kullandığı yöntemler arasındadır.

Kurum Kültürü

1995 yılında beş çalışan ile kurulan Amazonun, günümüzde 650.000 çalışanı ile 100 milyar dolara vuran bir büyüklüğe ulaştığı görülüyor. Bu başarının başlarını döndürmesine izin vermeden, yenilik yapmaya devam ediyor. Her çalışanı için Amazon Liderlik Prensiplerini ödün vermeden kullanarak kültürünü koruyabiliyor. Bezos'un en yüksek değeri olan "müşteri takıntılı olmak" her zaman ve her fırsatta pek çok kurumsal işaret ve hatırlatıcılar kullanılarak odak noktasında tutuluyor.

Bezos herkese her zaman "ilk gün kültürü"nü sürdürmek gerektiğini hatırlatıyor. Şirket merkezinin girişinde bununla ilgili duvar yazıları mevcut. İlk gün kültürü ve zihniyeti yeni işe başlayan, girişimci ruhunu ve yüreğini kaybetmemiş bir şirketi tasvir ediyor. Ufak bir şirkette her çalışan müşteri odaklıdır. Daha büyük bir şirket olduğunuzda orta yöneticiler ve katmanlar ortaya çıkar. Bunlar müşteriyle iletişime girmezler. Müşteri memnuniyetini doğrudan değil, ölçüler ve süreçler gibi vekaletler aracılığıyla yönetmeye başlarlar. Bürokrasi ortaya çıkar, karar verme hızı yavaşlar. Çalışanlar tüm kararları sanki ağır, geri alınamaz, yüksek sonuçları olan kararlarmış gibi düşünmeye başlar. Amazon'da ise

Tip 2 kararlar tüm çalışanların yetkisi dâhilindedir. Yaratıcılığı ve yeniliği dizginleyen daha bürokratik bir yapı kullanan kurumlarla kıyaslandığında Amazon "en yüksek yenilik skoru"na sahip şirket unvanına sahip olmaya devam ediyor.

DÖNGÜSEL EKONOMİ: SÜRDÜRÜLEBİLİR BİR GELECEK ARAYIŞ

Döngüsel Ekonomi Nedir?

Döngüsel ekonomi (circular economy) kıt kaynakların giderek azaldığı, sınırsız tüketimin desteklenmeye devam ettiği kapitalist üretim modeliyle çevre katliamına devam edilen günümüzde, hayatta kalabilmemiz için bize yol gösteren önemli bir dönüşüm önerisi olarak ortaya çıkıyor. İklim krizi ile mücadele etmemiz, su ve doğal kaynaklarımızı korumamız, her tip ayak izini azaltmamız için gerekli ve elle tutulur bir bakış açısı içeriyor.

Son dönemde artan çevre olayları mevcut ekonomik sistemin sürdürülmesini sorgular hâle gelmiş durumda. Hızlı nüfus artışı, küresel ısınmanın yoğunlaşması, çevresel bozulma ve kaynak kıtlığı ile ilgili konuların günümüzde artık dünya çapında önemli bir endişe kaynağı olmaya başladığını görüyoruz.

Avrupa Çevre Ajansı (EEA) döngüsel ekonominin temel niteliklerini şöyle sınırlamış: Girdilerin azaltılarak daha az doğal kaynak kullanımının sağlanması, yenilenebilir ve geri dönüştürülebilir enerji kaynaklarının kullanımının artırılması, emisyonların düşürülmesi, materyal atıklarının ve kayıplarının azaltılması, ürünlerin, parçaların ve malzemelerin ekonomi içindeki değerinin korunması.

Döngüsel ekonomi, geleneksel "al-yap-at" modeline alternatif olarak geliştirilen, kaynakları daha verimli kullanmayı ve atık oluşumunu en aza indirmeyi amaçlayan bir ekonomik model olarak karşımıza çıkıyor. Bu modelde ürünler, malzemeler ve kaynaklar mümkün olduğunca uzun süre kullanılıyor, tekrar üretiliyor, onarılıyor ve geri dönüştürülerek ekonomiye kazandırılıyor.

Döngüsel ekonomi sistemin tüm kaynak girdilerini, atık ve emisyon kaçaklarını ortadan kaldırarak kapalı bir döngü yaratmayı hedeflemekte. Atıkların yeterli şekilde işlendikten sonra tekrar bir kaynak hâline gelmesi ve böylece üretim-tüketim zincirinde bir döngü oluşturulabileceği fikrini savunuyor. Döngüsel ekonomiye geçişle birlikte, kullanılan hammadde ve enerji bağımlılığının azalması, iklim değişikliği ile mücadele edilmesi, kaynak kullanımı, atık oluşumunun ve üretim maliyetlerinin azalması öngörülüyor. Kısacası döngüsel ekonomi bir "üret-tüket-geri kazan" modeli.

Geri dönüşüm (recycle) uygulamasında atıklar fiziksel ve kimyasal işlemlerden geçirildikten sonra ikincil hammadde olarak üretim sürecine sokulur. Geri kazanım (reuse) ise geri dönüşüm kavramını da kapsayan, atıkların içindeki bileşenlerin çeşitli yöntemlerle başka ürünlere ve enerjiye çevrilmesidir. Geri kazanım, döngüsel ekonominin temelini oluşturuyor.

Doğrusal Ekonomi

Kapitalist üretim–tüketim felsefesi doğal kaynakları sınırsız ve değersiz gören, toplum ile doğa arasındaki ilişkiyi koparan bir yaklaşıma dayanır. Bu yaklaşım "al-yap-at" olarak tanımlanıyor. Doğrusal ekonomik sistemde kaynaklar çıkarılır ve bu kaynaklarla üretim gerçekleşir. Ortaya çıkan ürün ömrünü tamamlayınca atık (çöp) olarak bertaraf edilir. Ekonomik büyüme ve kârlılık esastır. Bu süreç doğrusal ekonomi olarak adlandırılır. Doğal kaynaklar işlenip atığa dönüşür ve tek yönlü çizgisel bir akış söz konusudur.

Doğrusal ekonomi, doğal kaynakların sınırsız olduğu varsayımını benimser. Bu model sermayenin kârını maksimize etmek üzerine kuruludur. Üretim–tüketim en yüksek kazanç sağlamak üzerine kurgulanır. Kaynakların çıkarılması, işlenmesi, tüketilmesi ve atık hâline gelip bertaraf edilmesinde çevresel faktörler göz önüne alınmaz.

Ancak kaynakların sınırsız olduğu ve atıkların herhangi bir sorun oluşturmayacağı düşüncesinin çok yanlış olduğu günümüzde artık ortaya çıkmış durumda. Son yıllarda meydana gelen hızlı nüfus artışı, küresel ısınmanın artması, çevresel bozulma ve kaynak kıtlığının oluşturduğu çevresel sorunlar dünya çapında endişe kaynağı olmaya başlamış durumda. Ekonomik büyüme ve kazanç hedefiyle üretimi artırıp durmak yerine, çevre ve doğal kaynak kullanımının da dikkate alınması zorunluluğu günümüzün en önemli sorunları arasında yer almaya başladı.

Tarihsel Süreç

Sanayi devrimiyle birlikte kırsal alanlardan kentsel alanlara doğru yoğun bir nüfus hareketliliğinin doğduğunu görüyoruz. Kentler başlangıçta tarımsal üretimin yapıldığı basit yerleşim yerleri iken, üretim biçiminin değişmesiyle nüfus ve mekânsal açıdan büyük ölçekli yerleşim alanlarına dönüştü. Kente egemen olan sanayi sermayesi, kenti gelişen kapitalizme göre yeniden düzenlemiş durumda.

Çevre sorunlarının giderek artması ve üretimde kaynak sorununun derinleşmesi 1970'li yıllardan itibaren büyüme önünde bir sorun olarak görülmeye başlandı. Sınırlı bir kaynak donanımına sahip olan dünyada, sınırsız bir ekonomik büyümenin nasıl mümkün olacağı tartışılmaya başlandı.

Kentler günümüzde insanların yarısından fazlasının yaşadığı, dünya kaynaklarının dörtte üçlük kısmını tüketen, oluşan atıkların da dörtte üçünün üretildiği bir yapı hâline gelmiştir. İçinde yaşadığımız kentler küresel çevre ve ekolojik sorunların merkezinde yer almakta. Artık her sene doğanın bize sunduğu kaynakların 1,6 katını tükettiğimiz bir döneme girmiş durumdayız.

Ülkemiz kentlerinde çevre faktörlerinin yeterince göz önüne alınmadığı görülüyor. Atıkların bertaraf edilmesi ön planda kalmaya devam ediyor. Geri dönüşüm için çöplerin yakılarak enerjiye dönüştürülmesi büyük kentlerde devreye alınmaya çalışılıyor. Su arıtma tesisleri belli büyüklüğe sahip belediyeler nezdinde zorunlu hâle geldi. Geri dönüşüm ekonomisi çok büyük kaynak gerektiriyor, ancak bu kaynak mevcut değil.

Çözüm Arayışları

1968 yılında bir ekonomik kalkınma planlaması oluşturmak için kurulan Roma Kulübü "Büyümenin Sınırları" isimli çalışmasıyla büyüme ve kalkınmanın dünyanın sınırlı kaynaklarıyla oluşan çelişkisini ilk kez ortaya koydu. 1972 yılında BM tarafından düzenlenen "Stockholm Çevre Konferansı" yayınladığı deklarasyonda ekosistemin korunması için çeşitli konularda 26 ilke sıraladı.

Döngüsel ekonomi kavramı ilk olarak 2014 yılında İngiltere Bradford Üniversitesi bünyesinde Ellen Mac Arthur Vakfı'nın düzenlediği "Döngüsel Ekonomi Çalıştayı" sonrası gündeme geldi. Çalıştay, döngüsel ekonomi kavramını yeniden tasarlanmış bir sanayi ekonomisine, yenilenebilir enerji kullanılmasına, toksik kimyasalların kullanımının azaltılmasına ve atık oluşumunun ortadan kaldırılmasına yönelik bir yaklaşım olarak tanımlandı.

2015 yılındaki BM kalkınma zirvesinde sürdürülebilir kalkınmayı 2030 yılına kadar ilerletme ve uygulamak için 17 hedef belirlendi. Avrupa Birliği döngüsel ekonominin hayata geçirilmesinde kritik rol üstlenmekte. 2015 yılında döngüsel ekonomi için bir Eylem Planı ve Döngüsel Ekonomi Paketi kabul edildi.

Sürdürülebilir Kalkınma Amaçları

Birleşmiş Milletler (BM) tarafından 2015 yılında kabul edilen ve 2030 yılına kadar dünya çapında ekonomik, sosyal ve çevresel kalkınmayı teşvik etmeyi hedefleyen 17 küresel hedeften oluşuyor. Bu amaçlar, yoksulluk, eşitsizlik, iklim değişikliği gibi küresel sorunlara çözüm ararken, insanların refahını artırmayı ve gezegenin kaynaklarını korumayı hedefliyor.

"Yoksulluğa Son", "Açlığa Son", "Sağlık ve Kaliteli Yaşam", "Eğitimde Kalite", "Toplumsal Cinsiyet Eşitliği", "Temiz Su ve Sıhhi Koşullar", "Uygun Fiyatlı ve Temiz Enerji", "İnsana Yakışır İş ve Ekonomik Büyüme", "Sanayi, Yenilikçilik ve Altyapı", "Eşitsizliklerin Azaltılması", "Sürdürülebilir Şehirler ve Topluluklar", "Sorumlu Tüketim ve Üretim", "İklim Eylemi", "Suda Yaşayan Canlıların Korunması", "Karasal Ekosistemlerin Korunması", "Barış, Adalet ve Güçlü Kurumlar", "Hedefler İçin Ortaklıklar"

Bu 17 hedef, küresel kalkınmayı daha sürdürülebilir, eşitlikçi ve çevre dostu bir şekilde yönlendirmeyi amaçlıyor. Her bir hedefin alt hedefleri ve göstergeleri var ve bunlar, dünya genelinde daha iyi bir gelecek için atılacak adımları belirlemeye çalışıyor.

Döngüsel İş Modeli

Döngüsel iş modeli, (Circular Business Model) geleneksel "al-yap-at" anlayışından farklı olarak kaynakları mümkün olduğunca uzun süre ekonomide tutan, atıkları en aza indiren ve yeniden kullanım, onarım, geri dönüşüm gibi süreçleri merkeze alan sürdürülebilir bir iş modeli. Döngüsel iş modelleri, sadece çevreyi korumakla kalmayıp, aynı zamanda şirketlerin maliyetleri düşürmesini, yeni gelir modelleri oluşturmasını ve tüketicilere uzun ömürlü, sürdürülebilir ürünler sunmasını sağlıyor. Bu model maliyetleri azaltır, sürdürülebilirliği artırır, doğal kaynakların korunmasına katkı sağlar, müşteri bağlılığını güçlendirir, kaliteli ve uzun ömürlü ürünler sunarak müşteri sadakati oluşturur, yeni gelir kaynakları ve iş fırsatları yaratmayı hedefler.

Döngüsel İşe Örnekler:

Michelin'in lastik kiralama modeli: Müşteriler lastikleri satın almak yerine kullandıkları kilometre başına ödeme yapar.

Paylaşım ekonomisi: Uber (araç paylaşımı), Airbnb (ev paylaşımı), Martı (elektrikli scooter paylaşımı).

Atık hâline gelen ürünleri yeni hammadde olarak kullanmak: Adidas'ın geri dönüştürülmüş plastikten ürettiği spor ayakkabılar.

Döngüsel Değer

Döngüsel değer bir ürünün, malzemenin veya kaynağın kullanım ömrü boyunca sağladığı ekonomik, çevresel ve sosyal katkının maksimum seviyeye çıkarılmasını ifade ediyor. Döngüsel ekonomi modelinde, ürünlerin yeniden kullanımı, onarımı, geri dönüştürülmesi veya yeniden üretilmesi yoluyla katma değer yaratılır ve atık oluşumu en aza indirilmeye çalışılır.

Döngüsel Değerin Temel Özellikleri:

Kaynak Verimliliği: Hammaddelerin uzun süre döngüde tutulması (örneğin, geri dönüştürülmüş plastikten üretilen kıyafetler).

Ürün Ömrünü Uzatma: Onarım, yeniden kullanım ve yeniden üretim süreçleriyle ürünlerin daha uzun süre kullanılması.

Atıkların Kaynağa Dönüştürülmesi: Organik atıklardan biyogaz üretimi, endüstriyel atıkların geri kazanılması.

İş Modellerinde Dönüşüm: Kiralama, paylaşım ekonomisi ve hizmet olarak ürün (Product-as-a-Service) modelleriyle kaynak tüketiminin azaltılması.

Döngüsellik Matrisi

Döngüsellik matrisi bir ürünün, malzemenin veya sistemin döngüsel ekonomi prensiplerine ne kadar uygun olduğunu değerlendirmek için kullanılan bir analiz aracı. Bu matris, bir ürünün yaşam döngüsündeki farklı aşamaları değerlendirerek, hangi süreçlerin döngüsel ekonomiye daha fazla katkı sağladığını belirlemeye yardımcı oluyor.

Matriste genellikle şu faktörler değerlendirilir:

1. **Kaynak Kullanımı:** Üretimde kullanılan hammaddelerin yenilenebilir, geri dönüştürülmüş veya yeniden kullanılmış olup olmadığı
2. **Ürün Yaşam Döngüsü:** Ürünün kullanım ömrü, dayanıklılığı ve modüler tasarım avantajları.
3. **Yeniden Kullanım ve Onarım:** Ürünün tamir edilebilirliği ve yeniden kullanım potansiyeli.
4. **Geri Dönüşüm ve Geri Kazanım:** Ürünün geri dönüştürülebilirliği ve malzeme verimliliği.
5. **Atık Yönetimi ve Son Kullanım:** Kullanım ömrü sonunda atık olup olmayacağı veya yeniden üretime uygun olup olmadığı.

www.ingramcontent.com/pod-product-compliance
Lightning Source LLC
Chambersburg PA
CBHW051336230926
51848CB00005B/82
* 9 7 8 6 2 5 9 7 0 4 0 5 0 *